Syr.

Y bobol, y busnes

LLONGAU TIR SYCH
Caelloi Cymru 1851-2011

Argraffiad cyntaf: 2011

(h) Thomas Herbert Jones/Gwasg Carreg Gwalch

Rhif rhyngwladol: 978-1-84527-312-5

Mae'r cyhoeddwr yn cydnabod cefnogaeth ariannol
Cyngor Llyfrau Cymru

Cynllun clawr: Sion Ilar

Cyhoeddwyd gan Wasg Carreg Gwalch,
12 Iard yr Orsaf, Llanrwst, Conwy, LL26 0EH.
Ffôn: 01492 642031 Ffacs: 01492 641502
e-bost: llyfrau@carreg-gwalch.com
lle ar y we: www.carreg-gwalch.com

Llongau Tir Sych

Thomas Herbert Jones

CAELLOI CYMRU
1851-2011

Golygydd:
Myrddin ap Dafydd

Hysbyseb cwmni Caelloi yn rhaglen Eisteddfod y Nadolig Neuadd y Sarn, 1935

Cyflwynedig

i Ellen, am bopeth;

i Eryl, am ei gefnogaeth a'i lafur
diddiwedd yn y fenter, ac i
Laurina ei wraig am ei ddioddef cyhyd!

i Nerys a Malcolm am eu holl waith hwythau;

i genod y swyddfa am fod mor
ddymunol a chymwynasgar;

i'r dreifars, sydd bob amser mor barod a gofalus

ac i'n cwsmeiriaid i gyd,
ein ffrindiau triw
sydd yn gymaint o gefn i'n
busnes gan sicrhau ein
llwyddiant a'n safon.

Herbert ac Eryl o flaen garej Caelloi yn Stad Glan-y-don, Pwllheli

Nerys a rhai o ferched y swyddfa

Gair i gyflwyno

Y we, e-bost, ffonau symudol, catalogau teithio lliw llawn – wrth gamu i mewn i swyddfa cwmni Caelloi Cymru ar Stad Glan-y-don ym Mhwllheli heddiw, mae'r cyfleusterau a'r dechnoleg ddiweddaraf yno fel mewn unrhyw swyddfa deithio ar draws y byd. Mae'r gwaith o drefnu tripiau a gwyliau i bob cornel o Ewrop yn cael ei gyflawni yn llawer cynt a hwylusach erbyn hyn ac mae pethau fel yr euro Ewropeaidd, cardiau credyd, llacio rheolau ar y ffiniau rhwng gwledydd a chant a mil o ddatblygiadau eraill i gyd yn gwneud gwaith y trefnwyr yn llai o gur pen.

Yno yn y swyddfa mae Nerys. Mae Eryl ei brawd yn gyrru un o'r bysys moethus ac mae Herbert Jones eu tad yn golchi un arall o'r bysys, neu gyda dril yn ei law yn y garej yng nghefn y swyddfa. Roedd Herbert yn dreifio ei fysys cyntaf yn ôl yn y 1930au. Ar wal y swyddfa mae llun o 'Tomi Caelloi', tad Herbert, a chlamp o gymeriad yn chwedloniaeth bysys Llŷn. Mae teimlad o gwmni teuluol yma, ac mae rhywun yn synhwyro bod gwreiddiau'r cwmni presennol yn ymestyn yn ôl i oes wahanol ac arloesol iawn.

Ar wal y swyddfa hefyd mae rhoddion o luniau a dynnwyd o rai anturiaethau ar dripiau arbennig – fel croesi pont fwaog arbennig o gul a bregus ar ynys Mull yn yr Alban. Mae yma benillion yn cyfarch y cwmni ac yn diolch am wyliau arbennig gan deithwyr eraill.

Mae Caelloi Cymru gystal â bod yn enw ar gymdeithas arbennig o deithwyr. Mae'r cwmni bysys hwn wedi bod yn trefnu gwyliau teithiol ers dros hanner canrif. Hwn oedd y cwmni cyntaf i gynnig gwyliau yng Nghaerdydd i ogleddwyr yn fuan ar ôl i'r ddinas honno ennill y bleidlais i fod yn brifddinas Cymru. Hwn oedd y cwmni a roddodd y blas cyntaf ar fwydydd, golygfeydd a phrofiadau Cyfandirol i

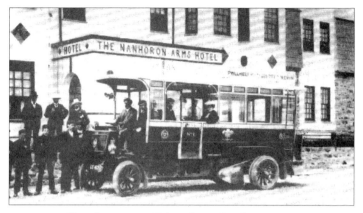

Un o fysys cynnar Nefyn o flaen y Nanhoron Arms

filoedd o Gymry. Boed drip i'r Sioe neu'r Steddfod, neu un
o'r gwyliau mwy anturus sy'n cael eu cynnig, mae un peth yn
sicr am deithiau Caelloi – bydd yno gyfeillgarwch eithriadol
a hwyl fawr ymysg y teithwyr a noson lawen bob nos. Yn
ogystal â mynd â Chymry ar eu gwyliau i Ewrop, roedd
Ewrop yn dod i wybod am Gymru drwy gyfrwng Caelloi.

Cyn hynny, roedd bysys Caelloi yn enwog am eu tripiau
undydd a'u tripiau Ysgolion Sul. Ond yn wreiddiol, cwmni
cariwrs oedd Caelloi – busnes lorïau, busnes cert a cheffyl
cyn hynny – ac yn y dechrau un, busnes trol a mul.
Datblygodd y cwmni fu'n cludo nwyddau oddi ar longau
hwyliau ar hyd ffyrdd trol glannau Llŷn i fod yn gwmni bysys
yn cludo teithwyr ar wylïau moethus dros y môr. Mae'n stori
unigryw ac mae Herbert Jones, sydd wedi bod yn gyrru'r
bysys ers y 1930au, wrth ei fodd yn adrodd yr hanes. Caelloi
Cymru bellach yw'r trefnwyr teithiau bysys hynaf yng
ngwledydd Prydain.

Mae Herbert yn un o'r dynion hynny sy'n cadw'i oed yn
dda. Mae'n edrych ac yn siarad fel dyn ugain mlynedd yn iau
na'i bump a phedwar ugain. Wrth olrhain yr hanes sydd yn y
gyfrol hon, roedd yn cofio enwau dreifars; enwau, prisiau a

manylion gwahanol fysys – hyd yn oed rhifau platiau cofrestru'r bysys – fel petae'n siarad am ei blant ei hun. Mae'n dal i fwynhau ymwneud â'r gwaith o ddydd i ddydd; mae'n dal i gario plant i'r ysgol ac roedd yn dal i ddreifio ar dripiau tramor hyd yn ddiweddar iawn. 'T.H.' ydi'r enw arno gan bawb yn y swyddfa a'r gwaith, ac mae fel rhyw daid annwyl i'r gweithlu i gyd: 'Roedd T.H. wrthi cyn naw ddoe yn sgubo llawr y garej i gyd ar ei ben ei hun.'

Roedd dros ei bedwar ugain yn mynd ar ei daith olaf i ynys Gurnsey. 'Llenwi bwlch ar y funud olaf am fod un arall o'r dreifars wedi mynd yn sâl oedd o,' esbonia Nerys. 'Does na mond un cwch y dydd yn croesi i Gurnsey ac roedd yn rhaid dal honno. Mi suddodd fy nghalon i ganol y pnawn hwnnw pan ffoniodd Dad ar ei fobeil i ddweud eu bod wedi cael eu dal yn ôl yn ddifrifol gan ddamweiniau a chiwiau aballu a bod yna beryg na fyddan nhw'n cyrraedd y porthladd mewn pryd. Mi es i'n wyn fel y galchen meddan

Caelloi 'star liner' – un o'r bysys Cyfandirol sydd fel llong bleser foethus

Y bysys sydd wedi cario Cymry, ac enw Cymru, i bob rhan o Ewrop

Herbert, Nerys ac Eryl

nhw, ac mi ffoniais y cwmni llongau ac mi ddwedon nhw y medren ddal y fferi yn ôl am hanner awr, ond dim mwy na hynny. Mi rois wybod i Dad, a rhyw ddwyawr wedyn mi ffoniodd yn ôl i ddweud eu bod bum munud o'r porthladd a bod popeth yn iawn, y byddent yno o fewn yr amser. "Dad, dach chi'n *hero!*" gwaeddais innau ar y mobeil – heb sylweddoli ei fod o ar y pen arall ar y ddyfais rhydd-o-law a bod y waedd wedi'i chlywed dros uchelseinydd y býs gan bob un o'r teithwyr!'

Mae hwn yn hanes busnes unigryw ac mae'n llawn o straeon personol a chofiadwy – ond mae yma hefyd elfennau sy'n gyffredin i stori busnesau eraill. Gwaith caled a dyfalbarhâd sydd wedi creu llwyddiant Caelloi Cymru, cipio'r cyfle wrth i ddrysau newydd agor a rhoi mwynhâd a chysur y cwsmer o flaen popeth arall.

Myrddin ap Dafydd
Rhagfyr 2010

Oes y Troliau

Gwas ffarm yng nghanol y ganrif o'r blaen oedd Tomos Huws, fy hen daid, ac roedd o ac Elin, fy hen nain, yn byw mewn tlodi mawr heb fedru fforddio na chloc na watch. Mi fyddai 'Nhad yn deud bod hen deulu Elin yn perthyn rywsut i Dic Aberdaron.

Yn Groeslon, Dinas – bwthyn to gwellt bryd hynny – yr oeddent yn byw ond mi dorrodd iechyd Tomos. Roedd yn dioddef gan lwch gwair, ac yn 1851 bu'n rhaid iddo roi'r gorau i weithio mewn siediau a sguboriau llychlyd ac ildio'i le ar ffarm Nyffryn. Doedd 'na ddim ffasiwn beth â budd-daliadau na iawndal bryd hynny, ond roedd 'na gydnabod teyrngarwch a chymdeithas dda, er hynny. I ddiolch iddo am ei wasanaeth mi roddodd John Evans, Nyffryn, ful i Tomos Huws. Doedd Tomos ddim yn medru fforddio trol, ond drwy haelioni ffermwr arall yn yr ardal cafodd echel a dwy olwyn. Gorffennodd Tomos y gwaith drwy hoelio

Oes y cert a'r ceffyl yn Aberdaron

Dafydd Faglan, tai Ddwyryd, Pen-yr-Allt– dyn trol a mulod ar Lôn Dywod, Pwllheli tua 1885

ychydig estyll a llorpiau at yr olwynion – a dyna y busnes a dyfodd i fod yn Caelloi Cymru.

Bryd hynny, roedd trol a mul yn golygu bywoliaeth. Roedd deg ar hugain o gariwrs yn Llŷn yn 1851 ac ymunodd Tomos Huws â'r rheiny oedd yn mynd i lawr i'r traethau a'r porthoedd i gyfarfod â'r llongau hwylio. Parhaodd gwasanaeth llongau'r glannau a gwaith y cariwrs hyd ganol y 1930au a dyfodiad y loriau – doedd dim trenau yng ngwlad Llŷn ymhellach na thre Pwllheli, a thros y môr y deuai nwyddau fel glo a chalch i ben draw'r pentir. Yn eu tro, byddai'r ffermwyr lleol yn allforio moch, ieir, wyau, menyn, caws o ffatri Aberdaron a charthenni ambell ffatri wlân ar y llongau. Byddai llond llong o wyau yn gadael Aberdaron am Lerpwl yn fisol yng nghanol y 19eg ganrif. Casglai merch o Uwchmynydd wyau o ffermydd a thyddynnod yr ardal, yna mynd â nhw ar y slŵp *Catrin* o Aberdaron i'w gwerthu ym marchnad Lerpwl. I arbed arian cerddai'r can milltir bob cam yn ôl i Aberdaron a'r diwrnod canlynol galwai heibio ei chyflenwyr i setlo am yr wyau.

Rhyw chwe gwaith y flwyddyn y deuai llongau i Borth Sgadan yn ystod y 19eg ganrif. Mae'r odyn galch a'r iardiau

Groeslon, Dinas – cartref Tomos Huws

glo i'w gweld uwch y traeth o hyd ac ymysg y nwyddau eraill ddôi yma ar y llongau roedd llwch esgyrn i'w chwalu fel gwrtaith ar y tir, canhwyllau gwêr, lliain a chasgenni gweigion i'r penwaig. Byddai ffermwyr a thyddynwyr yr ardal yn mynd allan i Borth Sgadan i bysgota penwaig, eu halltu a'u gwerthu – roedd arian y penwaig yn bwysig ar gyfer talu'r rhent i stad Cefnamwlch.

Cario o Borth Sgadan a Phorth Dinllaen yn bennaf roedd Tomos Huws ac ambell un o'r porthladdoedd bychain eraill, fel Porth Ychain, nad oes ond olion hen ffordd drol yn cyrraedd atynt bellach. Cariai yn ôl ac ymlaen rhwng Dinas a Phwllheli hefyd, taith gron o un milltir ar bymtheg oedd yn cymryd drwy'r dydd gyda'r mul, ond yn fuan roedd y busnes yn ffynnu a phrynodd gerbyd newydd a chaseg wen.

Tair o ferched oedd gan Tomos Huws ac ar ôl i Lydia, ei ferch hynaf, briodi â Thomas Jones o Garnfadryn, symudodd y ddau i fyw i ffarm Caelloi yn Dinas. Ffarm fechan, ddeng acer ar hugain oedd Caelloi ac ymhen amser dyma Lydia Jones a'i gŵr yn dal ati gyda busnes cario ei thad. Codwyd adeiladau pwrpasol i gartrefu a thrin y peiriannau ac yno y cadwyd bysys cyfandirol Caelloi genedlaethau yn ddiweddarach.

Groeslon, Dinas heddiw

*Yr hen odyn galch uwch
Porth Sgadan*

*Y ffordd drol sy'n arwain at
Borth Ychain*

Porth Sgadan, gyda'r hen iardiau glo tu ôl y waliau ar dro'r ffordd i'r traeth

Cafodd Lydia a Thomas bump o blant ar aelwyd Caelloi
– dwy o enethod a thri o hogia a'r ieuengaf o'r rheiny oedd
Thomas Hughes Jones, fy nhad, a anwyd yn 1897, ac a
ddaeth yn adnabyddus drwy wlad Llŷn fel Tomi Caelloi.
Aeth Gruffudd a Jac, y brodyr hynaf i ffermio, ond arhosodd
'Nhad adra i drin tir Caelloi ac ymestyn busnes y teulu i oes
y moto olwynion.

Daliai gwningod ac ambell ffesant am ei bres poced. Gan
ei fod yn dipyn o saethwr, roedd hi'n arfer ganddo i gario
gwn efo fo yn y car. Byddai'n galw heibio Cefnamwlch yn
eithaf cyson i weld Guto, ei gefnder, oedd yn gweithio yno
ac yn byw ar yr iard. Mi ddwedodd wrtho un noson ei fod
wedi gweld ffesant ar y dreif ar y ffordd yno ac wedi'i saethu
hi. 'Naddo erioed!' meddai Guto, wedi dychryn. 'Saethaist ti
rioed ffesant ar ddreif y plas ei hun! Ond chlywais i ddim
clec . . . Be ydi'r gwn?' 'Reiffl,' atebodd Tomi, gan honni nad
oedd y gwn yn rhoi clec o gwbwl. Cynigiodd fynd i nôl y
reiffl o'r car i'w ddangos – a bu'n ddigon hirben i wagio'r
bwledi o'r magasîn cyn ei roi yn nwylo Guto. Anelodd
Guto'r reiffl at wahanol ddodrefn y tŷ ac yna at y cwpwrdd
gwydr cyn tynnu'r triger. Yn anffodus, doedd Tomi ddim yn
cofio bod un fwled yn y 'breach' – yn y bwlch yn barod i'w
thanio. Saethodd y fwled drwy banel pren y cwpwrdd gwydr
ac yn syth drwy'r wal i'r cwt glo!

Dro arall, roedd hen rifolfar oedd wedi bod ar goll ers tro
wedi dod i'r fei wrth symud tŷ o Angorfa i'r dre. Mi welodd
boi o'r RAF y rifolfar ar y bwrdd a dweud fod ganddo fwledi
a allasai ffitio. Daeth yn ei ôl, ac yn wir roedd y bwledi'n
ffitio'r magasîn. Gan fod y gwn mor hen, roedd 'Nhad a'r
cyfaill am gymryd pwyll ac roeddan nhw wrthi'n clymu'r
rifolfar wrth bostyn er mwyn ei danio o bellter diogel gyda
llinyn pan ddaeth Wil Fawr heibio. 'Be dach chi'n neud? O,
dowch â hwnna i mi – fydda' i fawr o dro yn ei danio.' Dyma
glec a doedd dim ar ôl ond carn y rifolfar yn nwrn Wil Fawr.

16

Dadlwytho llongau ym Mhorth Sgadan

Er bod y fwled yn ffitio'r magasîn, roedd yn rhy drwchus i ffitio ffroen y gwn ac mi fu Wil yn eithriadol o lwcus wrth i'r hen beth ffrwydro yn ei ddwrn.

Un garw oedd Tomi a phan ddaeth y ffarm ar werth gan Stad Cefnamwlch fe'i prynodd am £800. Dyn ceffylau oedd 'Nhad yntau ar y cychwyn. Ar ôl y Rhyfel Byd Cyntaf, mi brynodd geffyl o'r enw Jeri oedd wedi bod yn eiddo i'r fyddin. Roedd yn hollol amhosib i'w drin ond dyma 'Nhad yn taro ar hen sipsi yn Ffair Dre – bryd hynny roedd y sipsiwn ar hyd yr Ala adeg ffair bentymor Pwllheli. Dywedodd y sipsi wrth 'Nhad am fynd i siop cemist a phrynu powdwr arbennig, ac ar ôl mynd adra iddo gymysgu peth o hwnnw â chwys ei gesail ei hun ac yna'i rwbio ar ffroenau'r ceffyl. Chafodd 'Nhad ddim trafferth efo Jeri ar ôl hynny.

Nid bod pob sipsi mor hael â'i gyngor chwaith. Mae stori am hen fachgen o Fynytho yr oedd ei geffyl du a gwyn wedi mynd yn llesg, heb fawr o gic ynddo fo. Ar y ffordd i'r dre i'w werthu yn y ffair, trawodd fargen efo sipsi o hen deulu'r Fox

Fflat hwylio gyda'r glannau wrth raffau ym Mhorth Sgadan

a chafodd wared ar y ceffyl cyn cyrraedd y dre. Yn y ffair ddilynol, roedd yr hen fachgen yn chwilio am geffyl ar gyfer y tymor newydd. Ar yr Ala, gwelodd un rhwyfus, sbringar iawn ar ei draed gyda graen da arno – roedd hwn eto yn geffyl du a gwyn ac mi drawodd fargen gyda'r sipsi oedd yn ei werthu. Ar ôl mynd adra mi ddalltodd mai'r un ceffyl ag roedd wedi'i werthu o'r blaen oedd o – a bod y sipsiwn wedi rhoi rhyw bowdwr oedd yn cael ei alw'n 'go-witch' ar ei draed nes bod rheiny'n llosgi ac yn peri i'r ceffyl druan godi'i draed yn uchel pan oedd hi'n amser bargeinio.

Roedd Tomi Caelloi yn dipyn o ffrindiau gyda'r Parch. Gwilym Hughes, gweinidog capel Penmount, Pwllheli. 'Chi dwi isio i 'nghladdu i,' meddai Tomi wrtho yn hael ei ysbryd un dydd. 'Wel,' atebodd y gweinidog, 'be am ddŵad acw ambell Sul ichi gael gweld y lle cyn marw?' 'Fedra i ddim w'chi,' atebodd Tomi. 'Taswn i'n ych clywed chi'n ledio "Pwy fydd yma ymhen can mlynedd", mi fasa hynny yn ddigon amdana' i!'

Er bod cyfnod y drol a mul ymhell yn ôl, roedd yr hen fois yn dal i gyfeirio at hynny wrth ymroi at ambell joban drafferthus yn garej Caelloi. Un o'u hoff ddywediadau oedd: 'Ella bod y drol wedi mynd yn racs ers talwm, ond mae'r mul yn dal yma!'

Mae'r dywediad hwnnw yn clymu'n daclus gydag ateb parod Joni Henfaes, Aberdaron oedd yn ffrind mawr i 'Nhad. Joni, gyda llaw oedd y cymeriad hwnnw oedd yn digwydd sgwrsio gydag R. S. Thomas pan ddaeth dybyl-decar o Bwllheli dros y bont i sgwâr Aberdaron a fawr neb arni. 'Gwarth o beth,' oedd sylw R. S. 'Efo cyn lleied arni, mi fyddai mini-býs wedi bod yn ddigon da.' Daeth ergyd Joni Henfaes ar ei phen: 'Efo cyn lleied yn eich eglwys chi, mi fasa 'mini-church' yn ddigon da i chitha hefyd!'

Roedd Doctor Bobi Jones, doctor Botwnnog wedi mynd i ben clawdd yn Ninas. Gan fod y wing wedi plygu i'r olwyn flaen, doedd dim powlio ar y car. Mi alwyd ar Tomi Caelloi ac mi ddaeth yntau a rhoi slap i'r wing gyda gordd. Rai blynyddoedd ar ôl hynny, mi gyfarfu'r ddau yn Aberdaron pan oedd 'Nhad yn sgwrsio efo Joni Henfaes. 'Wel Tomi, rydach chi'n edrych yn dda,' meddai'r doctor. 'Dydi'r gwellt ddim wedi troi ei liw.' Ateb parod Joni Henfaes oedd: 'Welsoch chi ful yn troi'i liw rywdro, doctor?'

Cariwrs Llŷn

Mi gyhoeddwyd pamffled gan Eddie Kenrick, Edern ar yr hen drafnidiaeth ar draws gwlad Llŷn yn y ganrif o'r blaen ac mae'n llawn o ffeithiau sy'n creu darlun byw iawn o'r cyfnod hwnnw. Roedd ffyrdd yn wael iawn ac mae'r prinder tai tyrpeg yn Llŷn yn dangos cyn lleied o wario fu ar greu ffyrdd addas i gerbydau.

Eto yn y 19eg ganrif, roedd prysurdeb mawr ar hyd y lonydd gwledig, gyda mulod yn cael eu defnyddio – weithiau ddau neu dri ar y tro – i dynnu'r certiau, neu wedi'u cyfrwyo â phecynnau o wyau a menyn. Roedd yn rhaid defnyddio mulod gan fod y lonydd mor wael – yn enwedig y lonydd ffarm. Weithiau doedd y lôn ddim yn bodoli o gwbl – roedd ffordd o Aberdaron i Lidiardau ond yna doedd dim byd ond llwybr ar draws comin Rhoshirwaen nes cyrraedd Lôn Ddiffyg. Roedd yn rhaid i goets y post ddefnyddio ceffylau yn unig o Lôn Ddiffyg ymlaen.

Wyneb gwael iawn oedd ar y lonydd a'r unig drwsio oedd arnynt oedd ffermwyr yn cerfio cerrig glan y môr i gau tyllau. Ar dywydd garw, byddai'r lonydd yn llawn pyllau a byddai olwynion y cerbydau yn suddo ynddynt. Doedd dim cysgod ar gerbydau'r gyrwyr ac roeddent yn ddall gan wynt a glaw ac wedi'u rhewi at yr asgwrn yn y gaeaf. Weithiau byddai mul neu geffyl yn marw yn y tresi a byddai'n rhaid benthyca un yn ei le o ffarm gyfagos. Ar y gorau roedd yn waith lladdgar i'r anifeiliaid a byddai'n rhaid eu newid yn rhai o'r tafarnau oedd â stablau pwrpasol i'r gwaith fel Tu-hwnt-i'r-afon, Rhydyclafdy wrth fynd yn ôl ac ymlaen rhwng Pwllheli ac Aberdaron, a Thafarn Cetyn, wrth deithio rhwng Edern a Thudweiliog.

Enghraifft dda o broblem symud cynnyrch ar draws gwlad oedd patrwm gwaith y porthmyn moch a âi â moch

Llŷn i gyfarfod y trên yng Nghaernarfon a'u trycio i Birmingham. Sarn Mellteyrn fyddai'r ganolfan ymgynnull fel rheol a gyrrid rhwng trigain a chant o foch ar y tro. Cychwynnid am wyth y bore gan gyrraedd Tu-hwnt-i'r-afon, Rhydyclafdy erbyn diwedd y diwrnod cyntaf; ymlaen drannoeth drwy Lannor a thros yr Eifl i Dyddyn Drain, Llanaelhaearn; i Lanwnda ar y trydydd dydd a chyrraedd Caernarfon ar y pedwerydd. Tair ceiniog y pwys fyddai'r pris a geid ar foch tewion yn y cyfnod hwnnw a byddai'r porthmyn yn dychwelyd i Bwllheli ar goets fawr Caernarfon ac yna yn cerdded adref.

Merlod a throliau fyddai'n cario menyn a wyau, moch a llysiau i farchnadoedd Pwllheli ac roedd gan bob ardal ei gariwrs. Roedd mwy o nifer na'r cyffredin ohonynt yn ardal Nefyn gan fod cario penwaig a llysiau a ffrwythau o amgylch y tai yn waith ychwanegol yno. Un ohonynt oedd Ellen Morris a fyddai'n teithio ar yr hen ffordd i Bwllheli drwy Geidio a Bryncynan, yn cario menyn a wyau, ac yn gweu'n ddyfal wrth gerdded gam wrth gam â'r mul. Unig farbwr Nefyn oedd Tomos Davies, Pen-y-bryn ond byddai hefyd yn crwydro Llŷn gyda'i lysiau, ffrwythau a phenwaig. Roedd yn gymeriad hoffus a phoblogaidd ac wrth ddod i lawr y lôn byddai'n gweiddi

> Falau, falau, falau Hen Felin.
> Penwaig o Nefyn

neu dro arall

> Cabaitsh, winwns a moron.
> A riwbob a ffa.

Roedd Josiah Jones a'i wraig, Cil Llidiart, Penllech, Tudweiliog yn berchen ar gert marchnad mawr a mul. Byddai'r wraig yn cadw cwmni i'w gŵr, dan weu sanau'n ddyfal, gan deithio yn ôl ac ymlaen i farchnad Caernarfon –

cychwyn ar ddydd Mercher, treulio noson yng Nghyrn Goch, ymlaen am Gaernarfon, aros noson arall yng Nghyrn Goch ac adref erbyn dydd Gwener. Carient gynnyrch ffarm yno a dod â blawd a wisgi yn ôl i Aberdaron.

Richard Roberts – Dic Fantol – oedd un o gariwrs enwocaf Llŷn. Dechreuodd weithio i Gruffydd Glanrhyd, Rhydlios yn hogyn deng mlwydd oed ac yna cafodd ei geffylau ei hun – Prins, Ladas, Twm a Westby – a gâi eu stablu yn y Ship, Edern. Cariai oddi ar longau Porth Dinllaen yn ddyddiol – bryd hynny byddai masnachwyr Lerpwl yn gyrru eu nwyddau i Borth Dinllaen a'r traethau eraill yn Llŷn a byddai'r certwyr yn eu cario wedyn i'r gwahanol siopau. Mae hen gân yn sôn am Dic:

Bu Dic yn cario o Glanrhyd
I bob ryw fan o gyrion byd,
A Prins a Ladas dedwydd rain
Beth bynnag wnâi fe gofiai nain;
Caed llawer hwyl a miri
Caed llawer hwyl a miri
Ac ambell lanc yn meddwi
Wrth gario o Bortinllaen.

Dim ond ychydig o'r cariwrs oedd yn dal trwydded i gludo teithwyr: yn eu mysg roedd John Thomas, Pwllcyw; John Williams, Tyddyn Bychan; Robert Jones, Tocia; Richard Jones, Plas Minffordd a Robert Jones, Brynmawr. Dyma restr o rai cariwrs yn ôl eu hardaloedd ym mhen pellaf Llŷn:

Rhydlios –   Griffith Griffiths, Glanrhyd
                John Williams, Tyddyn Bychan

Pencaerau –	Hugh Griffiths, Tŷ Lôn
	Thomas Owen, Siop Isa
Aberdaron –	John Thomas, Pwllcyw
	Robert Ellis, Glanmor
Rhoshirwaen –	John a Huw Williams, Tŷ Nest
	Richard Jones, Plas Minffordd
	Robert Jones, Tŷ Mawr
Eraill –	Robert Jones, Brynmawr
	Richard Thomas, Tŷ Corn
	Lewis Williams, Fachwen
	Robert Jones, Tirbanog
	William Roberts, Bryncanad
	Thomas Parry, Penbryn Bach,
	Uwchmynydd

Âi Evan Jones, Cadwgan â llwyth o bysgod a chrancod i Fangor a chysgu'r nos yno. Yna âi ymlaen am Riwabon a dod yn ôl â llwyth o galenni hogi ar gyfer pladuriau a chrymanau medi. Er gwaethaf caledi'r gwaith, mae'r hen bennill yma yn mynegi dipyn o hiraeth ar ôl yr hen oes honno:

> Ffarwelio fo i Rebeca
> A Dora wych ei graen.
> Fu'n cario am flynyddau
> I leitar Portdinllaen,
> Ffarwel fo'i Morfa Nefyn
> Ffarwel fo'r Castle Inn
> Lle gall pechadur yfed
> Pan fyddo'r dŵr yn brin.

Coetsiwrs Llŷn

Ris yn uwch na'r certwyr a'r cariwrs oedd y coetsiwrs. Roeddent yn cario pobol ac yn cynnig gwasanaeth rheolaidd am eu bod hefyd yn mynd i gyfarfod â'r Goets Fawr fyddai'n dod â'r post i'r swyddfa oedd bryd hynny yn Stryd Penlan, Pwllheli. Roedd cadw tafarn a rhedeg coets yn mynd law yn llaw yn aml – un o'r rhai enwocaf yn ardal Nefyn oedd Dic y Coits (Richard Davies, mab Madryn Arms, Pwllheli) fyddai'n rhedeg coets ddyddiol, chwe niwrnod yr wythnos o Edern drwy Bwllheli a Chlynnog i Gaernarfon. Cychwynnai am chwech gan gyrraedd Caernarfon erbyn deg i gyfarfod y trên; cychwynnai'r daith adref am bedwar gan gyrraedd Edern erbyn wyth, wedi newid pedwar ceffyl yng Nghlynnog ac ym Mhwllheli ar bob taith. Morwyr yn dod adref neu'n mynd i ddal eu llongau oedd llawer o'i gwsmeriaid a'r goets hon oedd yr unig ffordd o ddod ar draws gwlad i Lŷn. Daeth Dic yn denant Tŷ Cerrig (Nanhoron Arms) yn Nefyn ac o hynny ymlaen rhedai'r gwasanaeth o Nefyn. Daeth y goets hon i ben yn 1909 pan ddaeth y trên i ganol tref Pwllheli a bu farw'r chwedlonol Dic y Goits yn 1917 yn 79 mlwydd oed.

Un o yrwyr Dic oedd Griffith Jones, Castle Inn, Morfa Nefyn – rhedodd yntau gerbydau tri-mewn-llaw a phedwar-mewn-llaw o Edern i Bwllheli gan aros i borthi'i geffylau yn y Farmer's Arms (y Post yn ddiweddarach) yn Efailnewydd. Daliodd ei fab, William Jones, wrth y gwaith nes sefydlwyd y Cambrian Co. a'i 'foto syrfis' yn Llŷn.

Daeth y Capten Harry Parry i'r Nanhoron Arms ar ôl Richard Davies a cherbydau preifat a brêc oedd y gwasanaeth a gynigiai yntau. Ei fab, Owen Parry a ddechreuodd y *Nefyn and District Omnibus Co.* ar derfyn oes y coetsys a cheffylau.

Coets Tir Gwenith

Coets enwog iawn yn Llŷn oedd Coets Tir Gwenith, Llangwnnadl. Ymddeolodd Thomas Jones, Ty'n Ffynnon o'r môr yn 1885 a phriododd ferch Tir Gwenith gan ddechrau cario gyda chert a cheffyl. Cynyddodd ei fusnes drwy brynu coetsys bychain ac yna'r Goets Fawr a dynnid gan bedwar ceffyl yn 1893. Roedd y goets hon yn dal 28 o deithwyr – 11 y tu mewn, 15 yn y cefn a dau wrth ochr y gyrrwr yn y sedd flaen. Rhedai o Langwnnadl i Bwllheli drwy bob math o dywydd ac roedd yn ddull poblogaidd iawn o deithio. Cariwyd y busnes yn ei flaen gan ei fab, John, fu'n gyrru lori i Bwllheli.

Dau swllt oedd cost y daith o Langwnnadl i Bwllheli ac yn ôl (neu swllt a chwech o Fryn Cynan). Talwyd teyrnged i Goets Tir Gwenith gan David Davies, Cae Helyg, Penllech a gyfansoddodd y gân hon ar alaw 'Mae Robin yn Swil':

Cân Coits Tir Gwenith

Mae'n mynd o Tirgwenith, goits newydd medd rhai,
A phedair o olwynion o dani yn troi,
A phedwar ceffyl sef un at bob un
Mae'n debyg y trechith holl goitsus gwlad Llŷn.
    Cytgan: Mae hon fel y trên, Mae hon fel y trên,
                Ta angen am frysio, Hi basia y trên.

Mae wedi ei haddurno nes gwneyd i ryw rai,
I edrych yn sobor, am funud neu ddau,
Wrth weled fod ganddo, werth arian mor fawr
I'w farddu, ai Jerkio, yn traciau'r ffordd fawr.
    Cytgan: Mae hon fel y trên, etc.

Mae Tomos yn haeddu cael clod hyd y nen
Efe o bob coitsmon hyd heddyw sydd ben;
Mae'n hynod ofalus, a da yw ei go
Mae'n siŵr o bob neges a chofio bob tro.
    Cytgan: Mae hon fel y trên, etc.

Wrth fynd o Llangwnnad i fyny y bont
Does eisiau neb gerdded tra'n ddiau ei llond,
O'i blaen y mae power nad oes iddynt ail
Ar ffordd dan eu carnau yn swnio fel dail.
    Cytgan: Mae hon fel y trên, etc.

Mae Tomos yn cadw yr amser i'r dim
Chwi ddeiliaid plwy Penllech wel cofiwch chwi hyn,
Y Fares sydd i'w talu rhaid dweyd yn y gân
Yw dau swllt yn gryno yn ôl ag ymlaen.
    Cytgan: Mae hon fel y trên, etc.

Mae'n stopio yn Dweiliog am funud neu ddau
Does amser i oedi rhaid brysio o'r tai;
Oddyno mae'n cychwyn i lawr am y Rhent
Yn debyg i sgyrsion yn cychwyn i Kent.
    Cytgan: Mae hon fel y trên, etc.

Mae'n myned trwy Edern i fyny Lôn Goch
Ar ffordd dan ei holwynion yn swnio fel cloch
A thrwy Forfa Nefyn yn union ei hynt
A heibio Bryncynan cyn gynted a'r gwynt.
    Cytgan: Mae hon fel y trên, etc.

Mae'n stopio'n Boduan am funud i gloi,
Oddyno mae'n startio yn bur-ddi-ymdroi,
A thrwy Efailnewydd, ar garlam i'r dre,
A phawb wrth ei gweled yn gwaeddi 'Hwre.'
    Cytgan: Mae hon fel y trên, etc.

Mae'r 'brif-ffordd' i'w gweled arni yn rhes,
Morfa Nefyn a Edern does eisiau ond prês
A hefyd Tydweiliog os ydych yn sglaig
A Hebron siop Gruffydd and near Pengraig.
    Cytgan: Mae hon fel y trên, etc.

Deuswllt oedd y gost i deithio o Aberdaron i Bwllheli ac yn ôl hefyd – William Evans, Parc y Brenin ddechreuodd y gwasanaeth cludo teithwyr a nwyddau yn 1860 gan werthu'r busnes i Robert Jones, Tocia, Rhoshirwaen yn 1862. Cynyddodd y gwasanaeth nes ei fod yn un chwe niwrnod yr wythnos. Cariodd y meibion, Tomos a Gruffydd, y busnes yn ei flaen gan redeg brêc dau geffyl o 1881 a chwblhau'r 17 milltir o daith mewn pedair awr. Yn 1920, datblygodd y gwasanaeth i fod yn un 'motor syrfis' gan wneud y siwrnai i

Bwllheli mewn awr a chwarter. Yn 1934, gwerthwyd bysys Tocia i gwmni Crosville ac yn 1939 dosbarthwyd y post gan y G.P.O. ar ôl i Tocia fod yn gyfrifol amdano am 56 o flynyddoedd.

Roedd Ifan Penpalmant yn dal i redeg Coets Fawr efo ceffylau hyd y 1920au, er bod oes y lorïau a'r bysys wedi dechrau. Rhedodd ei geffylau i fyny'r allt serth o Nefyn i Lithfaen ar drip Ysgol Sul un tro – roedd bysys yn cludo tripiau eraill rownd drwy Ros-fawr ac roedd hi'n dipyn o gystadleuaeth rhyngddynt mae'n siŵr. Stopiodd Ifan y goets yng Nghlynnog Fawr er mwyn i'r ceffylau gael disychedu a dyma'r bysys yn ei basio dan ganu corn yn braf. Toc, roedd Ifan yn eu pasio hwythau wrth wal Glynllifon – y bysys wedi gorboethi ac wedi torri!

Dyma'r byd y cafodd Thomas Hughes, Groeslon, Dinas ei hun ynddo. Rhyw gontrapshon go od oedd ei gerbyd cartref ar echel tu ôl i'r mul fuddai'n cludo blawd yn ôl ac ymlaen i Bwllheli. Fel y cynyddodd y busnes, prynodd gerbyd tebyg i 'jaunting car' Gwyddelig yn cael ei dynnu gan geffyl gwyn o'r enw Denbi. Ceffyl a thrap oedd gan Thomas Jones ei fab-yng-nghyfraith a dechreuodd Thomas Hughes Jones yrru cert a cheffylau ei dad yn un ar ddeg oed. Saith mlynedd yn ddiweddarach, prynwyd lori hen ffasiwn.

Omnibys Tocia ym Mhwllheli

Dechreuai o Dinas am 9.30 yn y bore a dychwelyd o Bwllheli erbyn pump y pnawn gyda'r teithwyr yn eistedd ar y sachau cynnyrch. Argymhellodd rhai o'r teithwyr ei fod yn gosod estyll pren ar hyd y cerbyd er mwyn ei wneud yn fwy cyfforddus. Gwnaed hynny, ond doedd dim amdani ond ymbaréls ar dywydd gwael nes codwyd fffram o bren a tharpwli. Dyma fan cychwyn motors Caelloi.

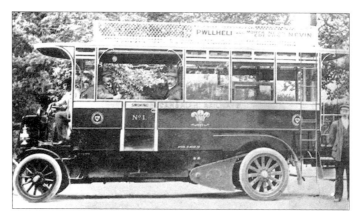

Un arall o fysys Nefyn

Bŷs Tocia yn gadael Aberdaron

Tomi Caelloi

Tomi Caelloi yn 1972

Roedd Tomi Caelloi, fy nhad, yn bedwar ugain oed pan fu farw yn 1977 ac er ei fod wedi gyrru bysys mawrion ar hyd a lled Cymru, chafodd o erioed wers yrru gan unrhyw un. Deg ceiniog y galwyn (4c) oedd pris petrol pan afaelodd yn y llyw am y tro cyntaf.

Celt i'r carn oedd 'Nhad – tempar fel fflach a'r cwbl wedi'i anghofio mewn byr amser. Roedd ei oriau gwaith yn ymestyn o fora gwyn tan nos – byddai'n ffermio Felin Eithin a Chae Mieri a byddai'n rhaid porthi a godro cyn ac ar ôl mynd allan gyda'r lorïau. Gwnaeth batant clyfar i droi buddai gorddi drwy ddefnyddio hen foto beic Royal Enfield – tynnodd y teiar oddi ar yr olwyn ôl a roi cortan wedi'i phlethu fel belt i droi'r fuddai. Un dyfeisgar iawn oedd o. Adeiladodd garej yn nechrau'r 1930au yng Nghae Mieri – prynodd un neu ddau o gytiau ieir o sêl ym Madryn a'u haddasu'n garej gan sincio hen jar oel ddeugain galwyn yn y ffôs yn uwch i fyny a rhedeg peipen o honno er mwyn golchi'r bysys yn y garej. Doedd gwaith yn poeni dim ar fy nhad – roedd yn waith ac yn bleser iddo.

'Nhad symudodd y busnes yn ei flaen o oes y ceffyl a throl i'r bysys moethus rhyngwladol. Mi welodd fwy o newid yn ystod ei oes nag a welodd yr un genhedlaeth arall ar hyd y canrifoedd, mae'n siŵr gen i. Roedd yntau'n gyfarwydd iawn â mynd i nôl llwythi glo a chalch o Borth Sgadan.

Bỳs Talafon, Abersoch yn y 1920au – lori gyda meinciau a theiars soled

Mae'n cofio helfa anhygoel o benwaig yn Nefyn yn ystod un tymor ac roedd yn cario llond troliau o benwaig o Nefyn er mwyn i'r ffermwyr eu taenu ar hyd y caeau fel gwrtaith. Ar ôl yr helfa honno, fu fawr o raen ar bysgota penwaig yn Nefyn fyth wedyn meddai 'Nhad.

Tua 1925 y bu'r newid mawr a welodd y cariwrs yn cyfnewid y troliau am lorïau. Roedd llawer o hen lorïau'r fyddin yn cael eu gwerthu ar ôl y Rhyfel Mawr ac yn raddol bach, daeth y rheiny'n olygfa gyfarwydd ar lonydd bach gwlad Llŷn. Doedd dim sôn am brawf gyrru bryd hynny wrth gwrs, dim ond rhoi rhywun y tu ôl i'r llyw a dangos pa un oedd y brêc, y clytsh a'r throtl. Roedd yn rhaid troi handlen i'w thanio wrth gwrs – ac roedd honno yn medru bod yn joban beryg. Mi allasai'r injan facffeirio a thorri braich y taniwr.

Mi brynodd 'Nhad ddwy neu dair lori yn y 1920au – Republic, Morris Commercial a Traffic. Roedd lori yn medru cario dau lwyth y dydd o Bwllheli. Trowyd Plas Madryn yn Goleg Amaethyddol a chariodd lawer o nwyddau

Un o fysys cynnar Llithfaen

i'r fan honno hefyd bryd hynny. Rhoddodd feinciau yng nghefn y lori Traffic, creu ffram bwrpasol a chodi tarpwli drosti bob dydd Mercher a dydd Sadwrn er mwyn cario teithwyr o Dinas i dre. Roedd grisiau o'r tu ôl i fynd i mewn iddi ac roedd yn gweithio fel bŷs syrfis i'r farchnad ar ddydd Mercher ac i redeg i'r dre ar ddydd Sadwrn. Dechreuodd gario plant i ysgol Pwllheli ac roedd y busnes yn tyfu. Yn fuan wedi hynny, rhwng 1928 a 1931, mi brynodd ddwy REO – bysys pwrpasol yn cario ugain a phedwar ar ddeg o deithwyr o Mericia oedd y rheiny, efo teiars gwynt, oedd yn llawer brafiach na'r olwynion soled oedd yn ysgwyd esgyrn y teithwyr ar hyd lonydd clonciog y wlad. Deinamo a thrydan oedd yn goleuo'i lampau hefyd, yn hytrach na lampau carbeid y lorïau cynharaf. Costiodd y bŷs cyntaf £750 gan gipio'r ddimai olaf o focs pres fy nhad. Yn fuan, roedd pobol y wlad yn dotio bod modd teithio yn ôl a blaen i Bwllheli mor hwylus ac mor gyfforddus. Eisoes, roedd Tomi Caelloi ar y blaen wrth ofalu am gysur ei deithwyr! Cododd maint y fflôt i wyth o gerbydau cyn yr Ail Ryfel Byd.

Roedd angen trwyddedau arbennig i redeg gwasanaeth o'r fath wrth gwrs ac mi drodd tocyn o'r hen deuluoedd cariwrs at ddefnyddio lorïau ac addasu'r corff i gludo teithwyr. Roedd hen fachgan wrthi yn Tŷ Capel Neigwl, un arall yn Nhalafon wrth droed allt y Rhiw ac mi roedd Wili Pwll Crwn wrthi yn ardal Llangwnnadl.

Hen gertiwr arall oedd wedi troi at lorïau oedd Dic Fantol o Roshirwaun. Priododd â Gwyddeles ond fedrai o ddim gair o Saesneg a phan fyddai'n ffraeo efo'i wraig, ei unig ffordd o'i dwrdio oedd pwyntio at y gorwel, rhoi £1 yn ei llaw a dweud, 'Ireland, Mary!' Pan fyddai Dic Fantol a Wili Pwll Crwn yn dod i'r dre yn y bora efo lorïa i lwytho glo, mi fyddai 'na stop i dorri syched yn y Meitar ar y Maes ar y ffordd yn ôl. Dic fyddai'r cyntaf wrth y bar bob tro, a'r un dywediad fyddai ganddo wastad: 'Peint i mi a glasiad i Wili, a Wili i dalu!'

Yn raddol, daeth y sharabangs a'r omnibysys cynharaf draw i'r pen yma a dyna weld rhai o'r hen fusnesau cariwrs yn newid rŵan i fod yn gwmnïau bysys yn bennaf. Tocia oedd un o'r rhai mwyaf, yn rhedeg bysys o Aberdaron, Sarn,

Tair o fysys newydd, yn cynnwys un Tocia, o flaen gorsaf Pwllheli

LLITHFAEN TO PWLLHELI.

Monday, Tuesday, Thursday & Friday Service.

			A.M.	P.M.				A.M.	P.M.
LLITHFAEN	...	Dep.	8 15	1 0	PWLLHELI	Dep.		9 0	4 15
Tan-y-Fron	...	,,	8 25	1 10	Fourcrosses	...	,,	9 10	4 25
Rhosfawr ...	...	,,	8 30	1 15	Rhosfawr	...	,,	9 15	4 30
Fourcrosses	...	,,	8 35	1 40	Tan-y-Fron	...	,,	9 20	4 35
PWLLHELI	...	Arr.	8 45	1 30	LLITHFAEN	Arr.		9 30	4 45

WEDNESDAYS

			A.M.	A.M.	A.M.	P.M.	P.M.	P.M.	P.M.	P.M.
LLITHFAEN		Dep.	8 15	10 0	11 30	12 45	...	5 0	6 15	7 30
Llwyndvrus	...	,,			11 40	...	...	...	...	...
Tan-y-fron	...	,,	8 25	10 10	11 50	12 55	1 30	5 10	6 25	7 40
Rhosfawr ...	...	,,	8 30	10 15	11 50	...	1 35	5 15	6 30	7 45
Fourcrossess	...	,,	8 35	10 20	11 55	...	1 40	5 20	6 35	7 50
PWLLHELI	...	Arr.	8 45	10 30	12 5	1 15	1 50	5 30	6 45	7 60

			A.M.	A.M	P.M.	P.M.	P.M.	P.M.	P.M.	P.M .
PWLLHELI	...	Dep.	9 0	11 40	12 5	1 15	4 15	5 30	7 0	10 0
Fourcrosses	...	,,	9 10	11 10	12 15	...	4 25	5 40	7 10	10 10
Rhosfawr	...	,,	9 15	11 15	12 20	...	4 30	5 45	7 15	10 15
Tan-y-Fron	...	,,	9 20	11 20	12 25	1 30	4 35	5 50	7 20	10 20
Llwyndvrus	...	,,						5 55	...	...
LLITHFAEN	...	Arr.	9 30	11 30	12 30	...	4 45	6 0	7 30	10 30

SATURDAYS.

			p.m.	p.m.	p.m.	p.m.	p.m.
LLITHFAEN		Dep.	2 0	4 45	5 45	7 30	9 30
Tan-y-Fron	...	,,	2 10	4 55	5 55	7 40	9 40
Rhosfawr ...	...	,,	2 15	5 0	6 0	7 45	9 45
Fourcrosses	...	,,	2 20	5 5	6 5	7 50	9 50
PWLLHELI		Arr.	2 30	5 15	6 15	8 0	10 0

			p.m.	p.m.	p.m.	p.m.	p.m.
PWLLHELI	...	Dep.	4 15	5 15	7 0	9 0	10 15
Fourcrosses	...	,,	4 25	5 25	7 10	9 10	10 25
Rhosfawr ...	...	,,	4 30	5 30	7 15	9 15	10 30
Tan-y-Fron	...	,,	4 35	5 35	7 20	9 20	10 35
LLITHFAEN	...	Arr.	4 45	5 45	7 30	9 30	10 45

NOTICE.

Special Trips to Pwllheli and Criccieth Fair Days, also all Special District Events. For Time Table see Notice Board at Eifl View.

Return Tickets available for any period.

Small parties catered for at a moderate rate.

The 8-15 Bus will not run during School Holidays except on Mondays. Also no Thursday Service will be available during the same period.

MATT. H. WILLIAMS.

Amserlen gwasanaeth bysys o Lithfaen i Bwllheli yn 1930

Botwnnog, Rhoshirwaun, 'Rabar a Mynytho gan dorri ar draws rhan o rŵt fy nhad drwy Rydyclafdy. Roedd cwmni Robaits wrthi yn Rhos; Huw Owen ym Mryn Mawr, Dafydd ym Mynytho a Twm a Roland Ffrainc yn 'Rabar.

Yn naturiol, roedd y gystadleuaeth yn ffyrnig ar brydiau ac roedd angen dipyn o reddf y Weild West er mwyn dal dy dir. Un tro, roedd dwy o fysys Tocia wedi blocio bŷs R.E.O. fy nhad yn Rhyd fel nad oedd o'n medru symud yn ôl nac ymlaen. Roedd 'na fympar fel gyrdar ar ben blaen y R.E.O. a dyma 'Nhad yn deud wrth Ifan Bryn, dreifar y bŷs Tocia oedd wedi'i gau i mewn o'r tu blaen:

'Yli, Bryn, os oes gen ti rywfaint o barch at y bŷs 'na, sym hi.'

A'i symud hi wnaeth o. Aeth 'Nhad i garej Tocia yn fuan wedyn a chwyno am y digwyddiad. Yno ar y pryd roedd gŵr Cae Du, Rabar oedd wedi buddsoddi arian yng nghwmni Tocia a dyma hwnnw yn deud wrth 'Nhad:

'Peidiwch â phoeni, Tomi – ddigwyddith o byth eto neu mi fydda i'n tynnu 'mhres i gyd allan o'r busnes yma.'

Yn union fel yn hanes yr hen longau hwylio, mae'n ddiddorol clywed fod pobol yr ardal yn dal siariau yn y busnesau loriau a'r bysys cynnar yma. Hyd at 1935, roedd tua deg ar hugain o fusnesau bach cario nwyddau a phobol yng ngwlad Llŷn.

Yn 1936 daeth yr anghenfil mawr hwnnw, *Crosville Motor Company*, i sathru ar gyrn pawb. Cwmni a sefydlwyd yng Nghaer yn 1906 oedd Crosville ond ymledodd ei ymerodraeth yn raddol drwy ogledd-orllewin Lloegr a gogledd Cymru. Hyd hynny, bach yn erbyn bach oedd hi o ran cystadleuaeth. Daeth y dwrn mawr i lawr yn erbyn y dyrnau bach a phrynwyd cwmnïau a thrwyddedau bron pob un o gwmnïau bysys Llŷn gan Crosville – pob un ond dau. Daeth Mat Bach o gwmni Williams Llithfaen draw i weld 'Nhad ar ôl i bawb dderbyn cynigion yr arch-gwmni.

Dafydd Huwi, un o griw bysys Mynytho

Garej Dafydd Mynytho   *Dreifar a condyctyr Mynytho*

T. H. tua 15 oed (ar y chwith) ar wyliau ysgol efo teulu Trelawnyd, ac ifaciwî o ochrau Lerpwl oedd yn aros efo fy modryb yn Nhrelawnyd dros y Rhyfel

Trefor Salisbury, fy ewythr a arbedwyd rhag mynd i'r Rhyfel

Dafydd Salisbury ac un o'i fysys

THE

Red Motor Bus Service

BETWEEN

Llithfaen, Fourcrosses,

AND

Pwllheli.

TIME TABLE

From JULY 12th, 1930,

UNTIL FURTHER NOTICE.

Small Parties Catered for.

For full particulars, apply—

MATT. H. WILLIAMS, (Prop).

E.fl View, Llithfaen, Pwllheli.

'Wyt ti wedi penderfynu Twm?'

'Do. Tydw i ddim yn gwerthu,' atebodd 'Nhad.

'Os nad wyt ti am werthu, wna innau ddim chwaith.'

Dim ond y ddau gwmni hwnnw a gadwodd eu hannibyniaeth. Pen dyn Crosville oedd gŵr o'r enw Capten Roberts ac mi ddaeth draw i weld 'Nhad rhyw ddwy neu dair gwaith. Yn y diwedd roedd yn cael cynnig cymaint am ei fusnes ag a dderbyniodd Nefyn Blue – er bod ei rŵt o yn llawer salach na honno. Roedd y cwmni mawr yn torri'i fol er mwyn llyncu pob cystadleuydd arall ar wyneb y blaned. Y tro olaf i Capten Roberts alw heibio, ar ôl cynnig a chynnig, mi ddwedodd wrth 'Nhad:

'Enwa dy bris ta. Faint wyt ti isio am y busnes?'

Moto syrfis yn croesi'r bont yn Abersoch

'Faint dach *chi* isio am Crosville?' oedd gair olaf fy nhad ar y mater!

Erbyn diwedd y 1930au roedd trwydded loris Wili Pwll Crwn, yn foid, ac yntau yn farw ers tro, ond bu 'Nhad yn gymorth i'w hatgyfodi i Gruffudd Gruffydd, Blaen y Wawr, Llangwnnadl – tad Elfed ac Aled Gruffydd – drwy fynd yn dyst i'r gwrandawiad a phrofi bod trwydded wedi bod yn yr ardal ar un adeg. Chwarae teg iddo, mi gefais innau sbaniel bach yr oedd Gruffudd wedi'i fagu am ei drafferth.

Erbyn diwedd yr ugeinfed ganrif, llyncwyd Crosville yntau gan Arriva a chaewyd y depo oedd unwaith ar safle Somerfield ym Mhwllheli. Ar un adeg roedd 30-40 o fysys yn y depo hwnnw a thua phedwar ugain o staff yn gweithio yno ond erbyn heddiw mae Crosville ac Arriva wedi darfod amdanynt. Mi rydw i'n grediniol iddi fod yn fendith fawr i Lŷn bod 'Nhad wedi gwrthsefyll bachau barus Crosville – petai'r cwmni mawr wedi cael ei ffordd ei hun, fyddai costau teithio ddim wedi cael eu cadw mor rhesymol y pen yma i'r byd.

Cofeb y milwyr yng nghapel Dinas
gydag enwau tri o feibion Felin Eithin arni

Teulu Madryn - Mam (yn sefyll bella ar y dde),
Taid a Nain Salisbury yn y canol a'r pedwar brawd yn y cefn

Teulu Mam

Jini Salisbury oedd enw Mam cyn iddi briodi ac fe'i magwyd yn un o ddeg o blant yn y Felin Eithin, Dinas. Cipar ar stad Madryn oedd ei thad ac aeth pedwar o'r meibion i'r Rhyfel Mawr, 1914-1918. Collwyd dau ohonynt yn y brwydro a daeth Herbert adref i farw o'i glwyfau ym Mangor. Ymunodd Annie, un o'r merched â'r Groes Goch ond cafodd hithau ei lladd yn yr ymladd yn India, lle roedd ei gŵr yn filwr. Anodd gwybod sut roedd yr hen bobol yn dygymod â'r fath golledion.

Yn eu galar, bu'n rhaid i 'Nhaid a Nain gwffio'n reit galed i gadw'r mab ieuengaf, Trefor, allan o grafangau'r fyddin. Mi lwyddon ac mi fu fyw i fod yn 97 oed. Saer coed oedd crefft Trefor ac roedd yn ŵr hynod o heini hyd ei hen ddyddiau. Pan oedd Dewi, un o'r dreifars, yn ymddeol o'r cwmni yn 65 oed mi ddaeth Trefor i'r dathliad ar gefn ei feic a dyma finnau'n gofyn i Dewi:

'Mae'r dyn yma'n naw deg tri oed 'chan. Sut siâp fydd arnat ti yn yr oed yna?'

'Fydda i ddim yn y diawl lle 'ma, na fydda!'

'Be ydi dy sicret di, Trefor?' gofynnodd rhywun arall.

'Dduda i wrthat ti – pedigri,' atebodd Trefor, gan oedi eiliad. 'Mi fydda i'n byta dau dun ohono fo, ac unwaith y mis mi fydda i'n byta "Bounce" er mwyn cael neidio dros giât ffrynt!'

Pan oedd Mam tua'i phedwar ugain, roedd hi'n byw ar y ffrynt yn Mhwllheli lle mae Eryl yn byw rŵan. Roedd hi wedi cael carped newydd ar lawr ei llofft ond doedd y drws ddim yn cau ac mi ofynnodd i Trefor ddod heibio i dorri rhywfaint arno. Cyrhaeddodd Trefor ar ei feic – roedd o sbelan dros ei bedwar ugain bryd hynny – ac mi dynnodd y drws a'i roi o ar y gwely er mwyn ei lifio. Ond ddôi hi ddim felly, chwaith –

roedd y drws yn neidio gormod iddo fedru'i lifio. Yr hyn wnaeth Trefor wedyn oedd rhoi Mam – oedd tua phedwar ugain oed! – i orfadd ar y drws ar y gwely fel bod ei phwysau yn ei ddal o'n ddigon cadarn iddo fedru'i lifio fo!

Ymhen amser, gwerthwyd Stad Madryn i'r Cyngor Sir a sefydlwyd Coleg Amaethyddol yno. Bu'r coleg yn gaffaeliad i fusnes fy nhad gan ei fod yn cael contract i gario deg ar hugain o fyfyrwyr yn ôl ac ymlaen oddi yno. Ond collodd yr hen Thomas Salisbury, fy nhaid ar ochr fy mam, ei waith fel cipar. Symudodd i Sir y Fflint a chael gwaith fel cipar ar stad Mostyn. Cafodd ei daro ar draws ei wyneb efo coedyn gan botsiar un tro, ac er i'r hen ddyn gael gafael arno a gwneud yn siŵr na cherddodd o ddim o'no, mi ddioddefodd gan gansar yn ei ben yn ddiweddarach.

Pan symudodd y Salisburys o Felin Eithin, gwnaeth 'Nhad gais am y denantiaeth ac fe'i cafodd. Priodwyd Jini Salisbury a Tomi Caelloi yn fuan wedi hynny – ac mae honno yn stori cefn gwlad ynddi'i hun. Daeth Tomi i lawr i'r dre mewn lori, gan gario'i ddarpar-wraig efo fo. Aeth hi rownd y dre i siopa ac yntau i godi llwyth o lo. Yna, aethant i'r offis i briodi ac adra i ddal arni gyda gwaith y dydd. Cefais i fy ngeni ym Mehefin 1925 a Gwladys fy unig chwaer yn 1932.

Pan oeddwn i'n llefnyn ifanc mi es ar goll a doedd gan neb syniad lle roeddwn i. Yn y diwedd mi gafwyd o hyd i mi – wedi cerdded milltir i lawr y lôn i Ysgol Dinas. Roedd hyn cyn i mi ddechrau yn yr ysgol. Ar ôl dechrau yn yr ysgol ro'n i'n methu yn fy myw fedru dod o'no'n ddigon handi!

Gruffydd Williams oedd y prifathro yn Dinas ac mi ddwedodd wrth y dosbarth un bore am i ni droi i dudalen arbennig yn y llyfr syms a'u gwneud i gyd. Wedyn aeth drwodd i'r Ysgol Bach. Mi es innau i nôl y llyfr atebion o'i ddesg ac mi gafodd pawb bob sym yn gywir. Ond erbyn drannoeth roedd rhyw granc wedi achwyn arnaf a dyma'r

Hen fýs ar fuarth Caelloi

hen Wilias yn galw arnaf i ddod at ei ddesg. Euthum, ond gan sefyll hyd braich i ffwrdd.

'Tyrd yn nes,' meddai o.

'Na ddof, Syr,' meddwn innau.

Dyma fo'n codi a cheisio rhoi clustan i mi. Mi lwyddais i'w hosgoi. Mi redodd ar fy ôl rownd y ddesg a lluchio'r peth llnau bwrdd du ac yna riwler ataf. Minnau yn eu hosgoi, yn sathru ei riwler, a'i basio a rhedeg allan drwy'r drws ac aros adref am ddeuddydd nes ei fod wedi tawelu.

Un noson pan oeddwn i tua phedair oed, roedd 'Nhad i ffwrdd yn nôl shasi lori o Pulford ger Caer. A Mam a finnau adref ar ein pennau ein hunain, daeth hi'n anferth o storm o fellt a tharanau ac roedd Mam chydig bach yn ofnus. Mi benderfynon gerdded ar draws y ffordd tuag wyth y nos am gwmnïaeth a chysur Mr a Mrs Gruffydd, ein cymdogion, yng Nghae Mieri. Pan oeddan ni yng ngwaelod iard Felin Eithin, dyma anfarth o glec a choeden enfawr yn disgyn y tu ôl inni. Mi chwipiodd ei mân frigau hi Mam a finnau i'r ffos wrth ochr y lôn. Mi arhoson ni yng Nghae Mieri'r noson honno ac ymhen y flwyddyn roeddan ni wedi symud yno i fyw.

Roedd y goeden honno yn rhy fawr i'w thorri – mi fu'n gorwedd ar draws iard Felin Eithin am flynyddoedd a honno

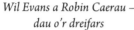

Wil Evans a Robin Caerau –
dau o'r dreifars

Twm Garn, 1954

oedd ein parc chwarae ni yn blant. Roedd tri neu bedwar o
ddreifars yn byw yn y tŷ efo ni yng Nghae Mieri – yn union
fel y byddai gweision yn aros ar ffermydd. Mam fyddai'n
paratoi bwyd iddyn nhw a phopeth – roeddan nhw'n rhan
o'r teulu. Ifor Jôs oedd enw un ohonyn nhw – mi ddreifiais i
foto beic i lawr yr hen Gamffordd i Nant Gwrtheyrn efo fo
flynyddoedd yn ddiweddarach.

Ymysg straeon cynnar eraill y teulu, mae hanesion am
Twm a Sera, hen lanc a hen ferch oedd yn perthyn i ni ac yn
byw yng Nghae Garw, Llangwnnadl. Pan ddaeth llong wisgi
y *Stewart* ar greigiau Porth Mawr yn 1901, mi fu pawb yn yr
ardal yn cario nwyddau o'r drylliad a'r creigiau a'r traethau.
Roedd llestri y *Stewart* yng Nghae Garw. Bob tro yr awn i
weld yr hen lanc a'r hen ferch ar gefn fy motobeic ar
ddyddiau Sul, mi fyddai Sera yn siŵr o fy nal o glyw Twm a
rhoi swllt i mi, gan sibrwd, 'Paid â deud wrth Twm'; ac yr un
cyn sicred mi fyddai Twm yn dal fy mraich, rhoi swllt yn fy
nwrn a mwmblian, 'Paid â deud wrth Sera'.

Llong wisgi y Stewart *a aeth ar greigiau Porth Mawr, 1901*

Bedford 26 sedd (model 1936) ar Groeslon Dinas;
cafodd ei phrynu yn Kendal –
a'r 'Cendal' oedd ei henw tra bu hi hefo ni

Dreifio'r Hôm Gârd

Dreifio'r Hôm Gârd ar wahanol gyrchoedd o gwmpas gwlad Llŷn oedd un o'r jobsys a gawsom fel cwmni yn ystod rhyfel 1939-45. Roeddwn i'n mynd â haid ohonyn nhw i Ryd – trwodd ger Tudweiliog un noson ac roedd hi wedi bod yn bwrw glaw drwy'r dydd. Cyrraedd, a neb yn symud oddi ar y býs. Daeth y swyddog ar step y býs a dweud,

'Dowch, hogia, pawb i lawr rŵan. Dowch i chi gael mynd i daflyd hand-grenêds.'

Daeth llais o du ôl y býs yn gweiddi,

'Dos i'w taflu nhw dy hun! Dwi wedi bod mewn mwd drwy'r dydd. Tydw i ddim yn mynd i wlychu heno eto.'

Trodd y swyddog ataf a dweud wrthyf am fynd â nhw i Nefyn i nôl chips. Roeddwn i dan oed gyrru ar y pryd – un peth oedd mynd i Dudweiliog, peth arall oedd mynd i Nefyn lle roedd 'na blismon yn cadw golwg ar bethau. Mi barciais wrth Neuadd yr Eglwys yn lle 'mod i'n gorfod dreifio drwy'r Groes a gadael iddyn nhw gerdded am eu chips. Fel y cerddan nhw yn ôl, yn hogia cefn gwlad mewn hen ddillad caci digon blêr, pob un efo'i fagiad o chips, dyma rhyw hen blant o Nefyn yn gweiddi ar eu holau,

'England's last hope!'

Cael eu dillad â'u taclau fesul ychydig o wythnos i wythnos yr oedd hogiau'r Hôm Gârd. Mi fyddai'r Quarter Master yn cyrraedd un wythnos gyda siaced i bob un; yna'r wythnos ganlynol mi fyddai yna drowsus i bawb; yna côt ac mewn rhai wythnosau, gwn a bwledi.

'Dyna fo,' meddai'r Quarter Master ar ôl hynny. 'Dach chi wedi cael popeth dach chi isio i ymladd y Jermans rŵan.'

A dyma un hen fachgan oedd dros ei ddeg a thrigain yn gofyn,

'Fasa hi ddim yn well i mi gael pâr o sbectols i'w gweld

nhw, d'wad?'

Ar manŵfars nos un tro, roedd y swyddog yn peintio wynebau'r hogiau gyda blac-led, gan ddefnyddio brwsh. Pan ddaeth hi'n dro i dywyllu wyneb Jac Lodge, mi afaelodd hwnnw yng ngwddw'r swyddog a gofyn,

'Be wyt ti'n feddwl ti'n neud? Peintio giât?'

Roedd Dic Bach Galltyberan ar giard diwti ger giât Castell Madryn, a hithau'n noson drybeilig o oer.

Yn yr RAF, Rhagfyr 1944

Cododd goler ei gôt ac aeth i swatio yn ei grwcwd yn nhin y clawdd. Pan ddaeth y swyddog O'Farrell heibio, roedd Dic Bach yn cysgu'n braf. Ni wnaeth y swyddog ddim lol ond cymryd y reiffl oddi arno a'i adael i ddeffro yn ei amser ei hun oriau yn ddiweddarach a chael panic gwyllt!

Nhad a Mam a Nerys, tua 1965

Lydia a Thomas Jones, taid a nain ochr fy nhad

T. H. ac Ellen ar ddiwrnod ein priodas yng nghapel Greigwen

'Nhad yn ei breim	*Ted, brawd Mam a laddwyd yn y Rhyfel Mawr*

Charles Jones o Lanystumdwy, Harri Morus, Daniel Gerlan, Guto Bach, Twm Gerlan, T.H., Gwladys fy chwaer, Tomi Caelloi. Garej Westend, 1951 pan gafodd Gwladys ei thrwydded

Bysys Butlins

Adeiladwyd gwersyll Butlins ar gyfer y Llynges, oedd wedi angori llong hyfforddi – yr *HMS Glendower* – ym Mhenychain, neu *'Penny-chain'* fel y byddai'r Saeson yn galw'r lle. Prynwyd y lle gan gwmni gwyliau Butlins unwaith roedd y rhyfel drosodd , ac mi brynson yr holl adeiladau ar hyd glan y môr Pwllheli o westy West End i Draeth y De yn ogystal. Roedd hyn yn cynnwys garej mawr yn West End oedd wedi cael ei ddefnyddio gan yr RAF fel ysgol foduro i'r WAFs yn ystod y rhyfel. Fel yn hanes genod y 'Land Armi', roedd llawer o'r WAFs yma wedi priodi a setlo yn yr ardal yn ystod y rhyfel.

Bu fy nhad yn edrych ar ddau le er mwyn ymestyn y busnes ar ôl y rhyfel – garej Glan Rhyd, Edern oedd hefyd wedi bod yn eiddo i'r RAF yn ystod y rhyfel, a garej West End. Roedd lorïau fy nhad eisoes wedi bod yn cario nwyddau i Butlins ac yn y diwedd setlo ar rentu Garej West End wnaeth o. Daeth y dreifars adref o'r fyddin, roedd cyflogau rhyw £2-£3 yr wythnos a phetrol a diesel yn rhad. Roedd yna ddyhead am ryddid a gwyliau a thripiau, ac roedd y clwy teithio wedi cydio yn y rhai oedd wedi gweld dipyn ar

Tram Pwllheli – hen berchnogion adeilad Garej West End

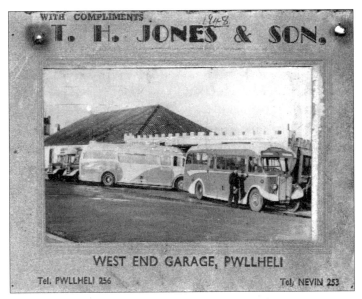

WITH COMPLIMENTS *1948*

T. H. JONES & SON.

WEST END GARAGE, PWLLHELI

Tel. PWLLHELI 256   Tel. NEVIN 253

Garej West End – ar ran uchaf calendr ar gyfer 1948

y byd yn ystod y rhyfel. Roedd hi'n amlwg i 'Nhad bod cyfle i ehangu'r gwasanaeth tripiau a gwyliau roeddem yn ei gynnig. Buddsoddodd mewn bysys mwy moethus a symud i'r garej newydd yn niwedd 1946.

Erbyn y flwyddyn honno, roedd Butlins dan ei sang – roedd yn dal 12,000 o bobol, yn cynnwys tua 2,000 o staff bryd hynny. Ffurfiodd fy nhad gwmni tacsi ar y cyd â Roger Prys, twrnai o Bwllheli a Major Bond, pennaeth gwersyll Butlins. Roedd ganddynt 8-10 o dacsis ac yn brysur ofnadwy yn rhedeg yn ôl ac ymlaen, gan mai nhw oedd yr unig gwmni oedd yn cael mynd i mewn i'r camp wrth gwrs. Chweugain (50c) oedd pris tacsi o Butlins i Bwllheli; pedwar swllt ar ddeg o'r dre i Abersoch neu Nefyn a phunt a chweugain i Aberdaron. Roedd newid mawr mewn agwedd pobol y dyddiau hynny – byddai cwsmeriaid yn rhoi punt inni wrth gyrraedd Abersoch a *'keep the change'* fyddai hi bob tro, jest iawn.

Ym 1947 gwerthodd 'Nhad ei dair lori, y busnes cario a'i drwydded i gario dros bellter eang i Jac Pen-graig o Nefyn oedd wedi ennill pres ar yr *Irish Sweepstake*. Roedd wedi penderfynu canolbwyntio ar y busnes tripiau gan fod Caelloi yn un o'r cwmnïau oedd wedi cael cytundeb i redeg teithiau o wersyll Butlins – byddai Crosville yn rhedeg chwe thrip yr wythnos, ninnau a Whiteways, Waunfawr yn rhedeg dau yr un, gyda Johnnie Williams, Porthmadog yn dod i lenwi os byddai'n eithriadol o brysur. Tripiau o amgylch Eryri, i Landudno, i Fôn ac o amgylch Llŷn fyddai'r rheiny.

Un awr ar ddeg y dydd o ddreifio gaem ni ei wneud yr adeg honno, ond roedd gan bob math o bethau eraill angen sylw yn y gwaith ac yn y garej. Bryd hynny, doedd hi'n ddim inni weithio o saith tan hanner nos ac ailddechrau eto am saith drannoeth. Byddai tripiau Ysgolion Sul yn waith ychwanegol rhwng diwedd Mai a chanol Gorffennaf. Cychwynnem o Aberdaron, dyweder, am wyth y bore gan stopio ym Metws-y-coed ac yna stopio eto am ginio yn y King's Head yn Llanrwst gan dreulio'r prynhawn yn Llandudno neu'r Rhyl.

Yna, o ganol Gorffennaf ymlaen, byddai Butlins yn llenwi gweddill yr haf. Yn y 1940au a'r 1950au, cyrraedd yno ar y trên y byddai'r ymwelwyr. Yna, dechreuwyd rhedeg bysys o Lundain, gan drafaelio dros nos a chyrraedd Butlins ben bore. Yna, yn raddol, symudodd mwy a mwy o'r traffig oddi ar y cledrau ac ar y bysys – roeddem yn rhedeg gwasanaeth o orsaf Bangor i ddechrau ac yna roedd gennym ddeunaw o fysys yn nôl a danfon y gwersyllwyr ar y Sadyrnau, gan fynd â rhai i Lerpwl a phob rhan o ogledd-orllewin Lloegr. Roedd rhai ohonyn nhw'n byw mewn llefydd digon difrifol eu cyflwr – mi ddaeth sawl dreifar adref gyda'i lygaid fel soseri ac ambell stori sglyfaethus. Does ryfedd eu bod nhw'n falch o droi'u cefnau ar y cyfan a mynd am Butlins unwaith y flwyddyn.

Y Bedford oedd yn rhedeg syrfis i Butlins yn y 1980au

Yn raddol, trodd y gwersyll i fod yn fwy hunan gynhaliol ac aeth nifer y torfeydd i lawr. Cyn bo hir iawn, roedd rhai yn cyrraedd yn eu ceir ac erbyn hyn carafanau'n dal 4,000 o bobol sydd yno. Ond roeddem yn rhedeg bŷs syrfis o'r gwersyll i'r dref yn y 1990au ac mae'n cysylltiad â'r lle yn parhau.

Garej West End yn 2002

Yn barod i gychwyn am yr Alban ym Mawrth 1958

Leyland Tiger Cub ar gorff Harrington, 1971

AEC Reliance 690, 53 sedd – prynodd Caelloi ddwy o'r rhain am
£20,000 yn 1972

Volvo B58 otomatig (model 1980), 53 sedd a brynwyd am
£30,000 yn 1980

Býs Newydd

Y drefn ar yr hen 'omnibysys' a'r bysys cynnar oedd bod pob
teithiwr yn dod â'i gwshin efo fo er mwyn lliniaru'r boen o
deithio ar seti pren. Mi fydden weithau'n mynd cyn belled
ag Aberystwyth, pawb â'i gwshin. Y rheol y dyddiau hynny
oedd na châi'r un cwmni bysys deithio ymhellach na hanner
can milltir o'i depo, fel yr hed y frân. Roeddan ni'n iawn felly
i gludo teithwyr am y dydd i Landudno, y Rhyl, drosodd i
Fôn – ac i Aberystwyth. Er bod y dref honno bedwar ugain
milltir o Bwllheli ar hyd y ffyrdd, mae'n llai na hanner can
milltir dros y môr.

Yn 1946, roedd 'Nhad wedi cael permit ac wedi rhoi'i
enw i lawr ar lyfr archebion Jones Bros, Tocia am Bedford
Utility newydd. Roedd cwmni Tocia yn asiant i Bedford a
Vauxhall ond roedd 'na waith disgwyl gan fod 'na brinder a
hithau'n fuan ar ôl yr Ail Ryfel Byd. Yr adeg honno roedd y
Bedford newydd, oedd yn dal 29 o deithwyr, yn costio
£1,400.

Bob hyn a hyn mi fyddai 'Nhad yn gweld Jôs Tocia ac yn
ei holi:

'Be ydi hanas y Bedford newydd?'

'Heb glywed gair eto ond chi fydd yn cael y gynta ddaw
i mewn, Tomi.'

Rai wythnosau'n ddiweddarach roedd 'Nhad yn holi
hynt yr Utility eto. Carthodd Jôs Tocia ei wddw yn
anghyfforddus.

'Y . . . y . . . mae Joni Wilias, Port [cwmni Creams,
Llandudno ar ôl hynny] wedi ordro hon sy'n dod i mewn
rŵan – ond ei fod o'n dal i ddisgwyl am bermit.'

'Pan ddaw'r nesa i mewn,' atebodd 'Nhad, 'fydda i ddim
mo'i hisio hi.'

Roedd rhaid chwilio ymhellach ar ôl hynny. Mi es i lawr

Trip Tudweiliog i Aberystwyth, 1946 ar y Bedford Utility
– seti pren, pawb â'i gwshin

i Lundain yng nghwmni Twm Gorlan, Dinas. y mecanic, a
galw heibio'r dîlars yn fuan wedyn. Mi welsom dair neu
bedair gwahanol fŷs gan gwmni Gray Green, Stamford Hill
– roedd hwnnw yn rhan o grŵp George Ewar a
ddechreuodd gwmni Arriva yn ddiweddarach. Mi roesom
gynnig arnyn nhw. Doedd y Leyland Cheetah fawr o beth;
roedd y Leyland Tiger yn reit dda ond unwaith y tanion ni'r
AEC, roeddan ni mewn cariad! Roedd 'na gymaint o bŵer
ynddi hi, roeddach chi'n clywed eich sêt yn eich gweithio
chi. Ro'n i wedi mynd i Lundain heb bres na siec na pheth a
dyma ffonio 'Nhad.

'Ti 'di cael bŷs?'

'Do, 'Nhad.'

'Sut fydd hi ar Allt Rhiw?' Yr allt honno o Neigwl i fyny
am y Rhiw oedd y prawf caletaf ar fysys Llŷn. Mi ddwedais
innau y buasai'r AEC yn taclo'r clip hwnnw heb broblem yn
y byd.

'Faint ydi'i hoed hi?'

Leyland Tiger T.S.8 Harrington gydag injan betrol a grëwyd ar gyfer teithio'r cyfandir ar gyfer John Pye. Prynodd Caelloi hi yn 1951.

Will Williams, Harry Morris a T. Herbert Jones o flaen yr AEC Harrington

'Deg oed – mi gafodd ei hadeiladu yn 1936.'
'Pris?'
'Dwy fil pedwar cant.'
'Arglwyddedig! Lle ti'n meddwl y ca' i ffasiwn bres dwa?'
"Cerwch i weld Jôs Barclays 'Nhad.'
Doedd dim rhaid mynd ymhellach na'r rheolwr yn y banc lleol bryd hynny.

Cyrhaeddodd y siec ein llety yn Llundain ben bore drannoeth a dyma'i gyrru hi adra i Bwllheli. Bỳs foethus, oedd yr AEC a doedd neb wedi gweld y fath beth yng ngwlad Llŷn o'r blaen. Hon oedd y bỳs ddiesel gyntaf i

Cynffon y Leyland Harrington o flaen Garej West End

Caelloi ac roedd yn ddwywaith gwell i'r galwyn na bỳs betrol – gwnâi hon bedair milltir ar ddeg i'r galwyn. Mae'n talu bod ar y blaen o ran y peiriannau diweddaraf. Digwyddodd yr un math o beth gyda bysys Volvo yn y 1970au – Volvo yw'r bysys gorau yn y byd, ac os oes rhywun eisiau dadl am y pwnc, mae croeso iddyn nhw fy ngwynebu! Ni ddechreuodd Volvo werthu bysys yng ngwledydd Prydain hyd 1972-3. Rhoddodd Caelloi archeb am un yn 1973 a chafodd ei danfon acw yn 1974. Honno oedd y bỳs Volvo gyntaf yng ngogledd Cymru ac rydan ni wedi cadw at y cwmni hwnnw ers hynny.

Roedd 'na dipyn o waith ennill gwerth y bỳs yn ei hôl bryd hynny. Er nad oedd diesel yn ddim ond swllt a chwech y galwyn bryd hynny (7.5 ceiniog newydd) a chyflogau yn ddim ond £2-3 yr wythnos, doeddan ni ddim ond yn codi £5 ar Ysgol Sul am drip diwrnod cyfan yn y Rhyl neu rywle tebyg.

Llaciwyd y rheolau pellter a chawsom ninnau gludo ymhellach. Mi brynson hen fỳs cwmni Pye's o Landudno tua 1951-2. Roedd honno yn fỳs petrol ac yn newydd sbon yn 1938, ond roedd y cwmni wedi'i chuddio mewn tŷ gwair dros y rhyfel rhag i'r fyddin fynd â hi. Doedd hi ddim gwaeth

*Dwy o'r coaches a brynwyd gan Caelloi o fusnes
John Pye's, Bae Colwyn*

ar ôl chwe mlynedd yn fan'no blaw bod gwyfynnod wedi
bwyta blewiach y seti i gyd. Roedd 'na fynd yn honno –
doedd hi ddim ond yn gwneud saith milltir i'r galwyn ond
mi fedrai daranu mynd ar saith deg milltir yr awr. Hon oedd
ein bỹs teithio ymhell ar gyfer ffyrdd go lew o dda felly. Mi
wnaem dripiau i Blackpool erbyn hynny. Roeddan ni'n
gadael Tudweiliog am chwech y bora un tro, ei llond hi o
bobol ifanc ac mi roedd Tomos John, Tan Llan yn mynd
allan i nôl y gwartheg i'w godro wrth inni ei basio. Cychwyn
yn ôl o Blackpool am un y bora ac wrth gyrraedd yn ôl i
Dudweiliog, roedd Tomos John yn ei chychwyn hi i nôl y
gwartheg unwaith eto!

Llaciwyd y rheolau teithio ar ôl y rhyfel a rhoddwyd y
gorau i ddogni petrol a dîesel yn 1950. Prysurdeb mawr y
dyddiau hynny oedd cario tripiau ysgolion a thripiau
Ysgolion Sul i Benllech, New Brighton, Sw Gaer a
Chaerdydd. Yr un gân oedd gan un athro bob blwyddyn: 'Y
bỹs gora am y pris rhataf a'r daith hiraf.'

Newidiodd y rheolau cyflymder i fysys yn Nhachwedd
1959 pan agorwyd traffordd yr M1 am y tro cyntaf. Cyn
hynny, 30 milltir yr awr oedd y cyflymder uchaf a ganiateid i

*Hen Leyland oedd yn arfer bod yn eiddo i gwmni Pye – nid oedd drws ar
wahân i'r dreifar yn y model hwn*

fysys, ond dyna godi'r rhicyn hwnnw i 40 milltir yr awr bryd
hynny, a dim cyfyngiad ar draffyrdd. Roedd hynny yn
gwneud andros o wahaniaeth i ni oedd yn mentro ar
deithiau pell – y tro cyntaf imi fynd ar hyd yr M1 oedd ar
benwythnos cyntaf Rhagfyr 1959 wrth gludo criw i sioe gig
Smithfield yn Llundain ar fŷs AEC KYG, oedd â'i sbîd uchaf
yn 54 milltir yr awr. Un peth rwy'n ei gofio'n glir o'r daith
honno yw bod goleuadau blaen y bŷs yn ddiffygiol iawn ar
gyfer ffordd mor llydan â'r M1 – roedd y lampau yn iawn ar
gyfer lonydd cul, gwledig ond doedd dim posib gweld yn
iawn ar ffyrdd newydd, llydan ac union!

Mi gefais fy ngwneud rhyw ddwy neu dair gwaith am
sbîdio yn yr hen ddyddiau. Doedd fawr o lefydd i gynyddu
cyflymder ar yr hen ffyrdd troellog, ond mi'i ches hi ger
Helygain yn Sir y Fflint un tro. Roedd hi'n dywyll ac roedd
car wedi parcio ar fy ochr i o'r ffordd o fy mlaen. Ymhell yn
y pellter, gallwn weld goleuadau car yn dod o'r cyfeiriad arall
ond bernais y gallwn basio'r car cyntaf cyn i hwnnw
gyrraedd gan fod y ffordd yn union a minnau'n medru gweld
ymhell. Mi lwyddais i wneud hynny ond toc dyma gloch yn

canu o'r car y tu ôl imi – cloch, nid seiren oedd gan blismyn bryd hynny. Doeddwn i ddim wedi sylwi ar y car du y tu ôl imi a dyma'r heddwas ifanc ond cwrtais ataf a dweud, 'I have been following you for one measured mile and you had an average speed of 40 m.p.h.' Gofynnais iddo os oedd unrhyw beth arall yn bod ar fy ngyrru? Na, dim. Wel efallai y buasai gystal â dweud gair da drosof? Yn y gwrandawiad, mi ddiolchais ar goedd i'r heddwas am ei gwrteisi. Cefais ddwy bunt o ddirwy – ond sylwais bod pob gor-yrrwr arall y diwrnod hwnnw wedi cael £5 o ddirwy!

Tua chwe bŷs oedd ganddon ni yn ystod pymtheng mlynedd cyntaf Garej West End. Erbyn diwedd y 1960au, roedd gennym 25 o fysys. Dyma'r naid fwyaf yn hanes y busnes ac efallai'r fenter fwyaf un oedd prynu cwmni bysys Pye's, Bae Colwyn yn 1964. Pan ddywedais wrth fy nhad fod gen i lygad ar y cwmni hwnnw, ei adwaith yn syth oedd:

'Ti'm yn gall!'

Ond mi ganiataodd imi fentro ac ymhen ychydig doedd neb yn fwy brwd nag yntau ynglŷn â'r ochr honno i'r busnes.

Cwmni teithiau undydd i ymwelwyr y glannau hynny oedd Pye's & Hancocks – roedd ganddynt swyddfa docynnau yn Princess' Drive, Bae Colwyn a garej yn Llandrillo-yn-Rhos. Roedd ganddynt hwythau chwech o fysys i'w hychwaneg at ein chwech ninnau. Rhyw dwrnai o Ddinbych oedd cadeirydd y cwmni a phan euthum draw yno i edrych ar gyflwr y busnes, roedd yn llawn o ffigyrau a gwynt poeth. Wrth gael ei gefn am chydig funudau dywedodd Sid Scott, un o weithwyr y swyddfa, wrthyf sut oedd pethau yno go iawn. Sefydlwyd y cwmni gan John Pye, dyn busnes craff, ond roedd Jim Pye ei fab yn alcoholig a ddim yn tynnu'i bwysau, gan esgeuluso'r gwaith. Doedd neb arall yn tynnu'i bwysau yno wedyn, meddai Sid Scott – ond eglurodd bod modd gwneud i'r busnes dalu yn iawn.

Safle Garej West End wrth i'r hen westy gael ei ddymchwel

Penderfynais fentro a phenodi Sid Scott yn rheolwr ac er ei bod hi'n drafferthus i redeg yn ôl ac ymlaen rhwng Pwllheli a Bae Colwyn, mi weithiodd pethau'n dda inni nes inni werthu'r gangen honno i T. S. Jones (Alpine yn ddiwedd-arach) yn 1970.

Dechrau byw

Dechreuais weithio fel condyctyr tra oeddwn yn dal yn yr ysgol ym Mhwllheli. Byddwn yn denig i ddal y bŷs 11.45 o'r dre ar ddydd Mercher gan esgus fy mod eisiau mynd i'r tŷ bach. Nôl wedyn ar y bŷs 12.30 o Dinas a hel y ffêrs eto. Nôl i'r ysgol am 1.15, wedi bod yn y tŷ bach a ddwedodd yr un athro air am y peth erioed.

Dechreuais yn y busnes o ddifri ar ôl gadael yr ysgol yn un ar bymtheg oed a cham gwag cyntaf fy ngyrfa oedd cael dirwy o £1 am ddreifio dan oed y flwyddyn honno. Pan oeddwn yn disgwyl fy nhro i fynd o flaen y fainc yn y llys, daeth Siwpar Owen ataf, a dweud, 'Paid â phoeni, mi fydd hi'n oreit.' Pan gefais fy ngalw o flaen fy ngwell, dyma fo'n dweud wrth y fainc, 'Be sydd i'w ddisgwyl ag yntau wedi'i fagu yng nghanol olwynion?' Cefais ffein arall am yr un peth pan oeddwn yn bedair ar bymtheg – un ar hugain oedd yr oed gyrru bryd hynny, ond roedd dreifars yn brin. Helpu ar y loriau oedd yn cario glo, blawd anifeiliaid ac amrywiol nwyddau oedd fy ngwaith ar y dechrau ond yn fuan cefais fy ngalw i'r Awyrlu am gyfnod, yn hedfan yn un o griw ar Avro Anson a chael y profiad erchyll o 'forced landing' un tro.

Ar ôl y Rhyfel, mi fûm yn dilyn cwrs peirianyddol yng ngwaith AEC oedd yn cynhyrchu bysys ar gyfer London Transport. Gyda'r profiad hwnnw yn gefn i mi, yn ôl â mi am adra.

Y newid mawr yn fy mywyd oedd taro ar fy ngwraig yn 1951. Athrawes Gymraeg yn yr Ysgol Ramadeg ym Mhwllheli oedd Ellen – un o Ben-y-groes yn wreiddiol ond wedi bod yn dysgu ym Mlaenau Ffestiniog ac Aberteifi cyn dod i Bwllheli. Priododd y ddau ohonom yn Chwefror 1954 – priodas dawel, nad oedd neb i fod i wybod amdani, yng Nghapel y Greigwen, ger Madryn gyda'r Parch. Tom Nefyn

Leyland T.S.7 Tiger o Ddinbych-y-pysgod – 'Y Tenbi' oedd enw hon gennym. Euthum i lawr efo 'Nhad i'w phrynu yn y 1950au. Roedd y dîlar yn gofyn £500. Cynigiodd 'Nhad yr hanner ond wnâi y dyn ddim byd â fo. 'Tyrd awn ni adra,' meddai 'Nhad. Aethom i mewn i'r car a dyma'r dîlar yn rhedeg ar ein holau: 'Gewch chi hi am £300' oedd y fargen yn y diwedd.

Williams yn gweinyddu. Mi aethom ar ein mis mêl i nôl dwy spring bŷs o Barnsley. Ond chwithdod mawr i mi yn fuan iawn wedyn oedd gorfod mynd i Ysbyty Llangwyfan ym mis Rhagfyr, gyda helynt yr arennau. Bûm yno am wyth mis.

Roeddem wedi gwneud cais am drwydded teithio i wahanol rannau o Brydain cyn i mi fynd yn wael ond gohiriwyd y gwrandawiad cyfreithiol nes i mi ddod adra. Y Weinyddiaeth Drafnidiaeth oedd yn caniatáu'r trwyddedau hynny ac roedd yn rhaid dangos bod safon uchel i'r gwasanaeth roeddem yn ei gynnig ac nad oedd hwnnw ar gael gan unrhyw fusnes arall ar y pryd. Roedd Crosville, wrth reswm pawb, yn gwrthwynebu ein cais, y cwmnïau rheilffyrdd a Smiths o Wigan ac ati. Roeddan ni'n tynnu blewyn o drwyn y mawrion rŵan.

Pan ddaeth hi'n amser y gwrandawiad, Backhouse o'r Amwythig oedd ein twrnai ni. Roedd wedi teithio i'r gwrandawiad ar y trên i Landudno a phan gododd y gwrthwynebwyr eu lleisiau mewn protest, disgrifiodd Backhouse y daith arteithiol roedd wedi ei chael o'r Amwythig heb unrhyw fath o damaid na phanad ar y trên. 'Pe bawn i'n teithio ar fŷs Caelloi,' meddai, 'mi fasan ni wedi cael hoe am de a sgon.' Cariwyd y dydd ac mae arnon ni ddyled fawr i'r hen sgonsan hyd heddiw.

O gael y drwydded, roedd newidiadau mawr yn ein wynebu fel cwmni. Gallem fentro ar dripiau gwyliau yn hytrach na thripiau undydd bellach ac roedd y maes yn un eang iawn. Bu'r flwyddyn gyntaf yn un wan, ond roedd Ellen bellach yn helpu gyda'r gwaith gweinyddol yn y swyddfa ac yn fuan iawn roedd yr ochr hon o'r busnes yn gwella bob blwyddyn.

Roeddem yn rhedeg teithiau 'express' i Lundain am £2 y pen yn 1956 a 5 neu 7 niwrnod o wyliau ym Mhrydain neu ar y cyfandir rhwng £15 a £60 y pen. Yn 1958 roeddem yn rhedeg trip saith noson i Lundain (yn cynnwys aros noson yn Henffordd ar y ffordd i lawr a dwy noson yn Birmingham

Llwytho bŷs Caelloi ar fferi yng Nghaergybi

Trip cynnar i Iwerddon

ar y ffordd yn ôl) am £17 a deg swllt y pen, gyda phob pryd bwyd a gwestai o'r dosbarth gorau yn gynwysedig. Costiai pum noson yn ne Cymru £12 yn y flwyddyn honno gan godi teithwyr ym Mhwllheli, Cricieth, Porthmadog a Blaenau Ffestiniog. Roedd cwsmeriaid oedd yn gyrru i Gaelloi, Dinas yn cael parcio'u ceir yn ein garej ni am ddim dros gyfnod y daith.

Y gwyliau teithiol

Os oedd prynu cwmni Pye's yn fenter, roedd penderfynu trefnu gwyliau teithiol o'n pen a'n pastwn ein hunain yn gambyl a hanner. Wedi cael blas ar greu gwasanaeth tripiau undydd, dyma ddechrau breuddwydio am wyliau cyfan o dan faner Caelloi ac erbyn 1956 roeddem wedi sicrhau trwydded i gynnig pecynnau o'r fath – yr unig gwmni oedd gyda'r hawl i wneud hynny yn y rhan hon o Gymru. Dyma ddechrau buddsoddi mewn bysys mwy moethus a thaclo tomen o waith swyddfa – roeddwn i'n lwcus dros ben gan mai Ellen y wraig oedd yn gwneud hynny. Yn ogystal â llogi gwestai, roedd yn rhaid trefnu gwesty i mi gael cinio bob dydd y byddem oddi cartref – doedd caffis ochr lôn na hyd yn oed 'lay-bys', ddim yn bodoli yn y 1950au.

Ein gwyliau teithiol cyntaf oedd cludo 19 o ymwelwyr i Gaerdydd yn 1956. Roedd Caerdydd newydd ennill cystadleuaeth ffyrnig rhyngddi a threfi fel Caernarfon ac Aberystwyth ac wedi cael ei chyhoeddi yn 'Brifddinas Cymru' yn 1955. Ein trip ni felly oedd y daith gyntaf o'r gogledd i ymweld â'n prifddinas newydd – mi allwn arddel yr enw 'Caelloi Cymru' gyda balchder gan fod y cwmni wedi gwneud ei gyfraniad at uno de a gogledd a chreu un wlad! Daeth y Cynghorydd Kenny i ganu'n iach i'r bŷs a'r teithwyr ar y Maes fel yr oeddem yn gadael Pwllheli a daeth Maer Caerdydd i'n croesawu o flaen Neuadd y Ddinas pan gyrhaeddasom ben ein siwrnai. Oedd, roedd yr achlysur yn un hanesyddol go iawn! Roedd y gwyliau teithiol hwnnw yn golygu sawl taith undydd ac yna cylchdaith adref drwy Henffordd a'r gororau. Mwynhawyd y cyfan yn fawr gan y teithwyr ac aeth y gair ar led – wnaethom ninnau ddim edrych yn ôl wedi hynny. Hyn fyddai arbenigedd y cwmni am yr hanner canrif dilynol.

1958.

CAELLOI

A DUPLE COACH

MOTORS

Holiday Tours
June to September

T. H. JONES & SON,

West End Garage,

PWLLHELI

Tel. Pwllheli 256

TOUR 3.

5 Days. Coast to Coast
Inclusive Fare £13 7s. 6d.

MONDAY—Via Portmadoc, Blaenau Festiniog, Betws y Coed, Whitchurch (Lunch), Stoke-on-Trent, Nottingham, Boston (Dinner and night's stay.)

TUESDAY—Morning free in Boston. Depart Hotel 1 p.m., for Skegness, Cleethorpes (Dinner and night's stay.)

WEDNESDAY—Depart Hotel 9-30 a.m., for Grimsby, Scunthorpe (Lunch), Doncaster, Sheffield. (Dinner and 2 nights' stay.)

THURSDAY—Free in Sheffield.

FRIDAY—Depart Hotel 9.30 a.m., for Buxton, Congleton, Chester (Lunch), Abergele, Llanrwst, Blaenau Festiniog, Pwllheli.

TOUR 4.

7 Days. South Wales
Inclusive Fare £17 17s. 0d.

SATURDAY—Via Portmadoc, Blaenau Festiniog, Dolgelley, Machynlleth, Aberystwyth (Lunch), Haverfordwest (Dinner and night's stay.)

SUNDAY—Depart Hotel after Lunch for Tenby (Dinner and 2 nights' stay.)

MONDAY—Free in Tenby.

TUESDAY—Depart Hotel 9.30 a.m., for Carmarthen, Swansea (Lunch), Bridgend, Cardiff (Dinner and 2 nights' stay.)

WEDNESDAY—Free in Cardiff.

THURSDAY—Depart Hotel 9.30 a.m., for Chepstow, Gloucester (Lunch), Worcester, Kidderminster, Bridgnorth (Dinner and night's stay.)

FRIDAY—Depart Hotel 9.30 a.m., for Shrewsbury, Llangollen), Betws y Coed, Blaenau Festiniog, Pwllheli.

TOUR 1.

7 Days. London
Inclusive Fare £17 10s.

SATURDAY—Via Portmadoc, Blaenau Festiniog, Dolgelley, Machynlleth (Lunch), Llanidloes, Rhayader, Hereford (Dinner & night's stay.)

SUNDAY—Depart Hotel 9-30 a.m. for Gloucester, Cirencester (Lunch), Reading, London Airport (Visit), London. (Dinner and 3 nights' stay.)

MONDAY AND TUESDAY
Free in London.

WEDNESDAY—Depart Hotel 9-30 a.m. for Oxford (Lunch), Stratford on Avon, Birmingham (Dinner and 2 nights' stay.)

THURSDAY—Free in Birmingham, or a morning run to Cadbury's, Bourneville.

FRIDAY—Depart Hotel 9-30 a.m. for Bridgnorth, Shrewsbury (Lunch), Llangollen, Betws y Coed, Pwllheli.

N.B.—This Tour includes a sight-seeing tour of Central London and famous buildings— Houses of Parliament, Westminster Abbey, Buckingham Palace, etc.

TOUR 2.

5 Days. London
Inclusive Fare £12 17s. 6d.

MONDAY—Via Portmadoc, Blaenau Festiniog, Dolgelley, Welshpool (Lunch), Montgomery,

Taflenni cyhoeddusrwydd rhai o'r teithiau cynnar

Gan ein bod yn gwneud popeth ein hunain roeddem yn medru bod yn gystadleuol ac yn medru gwneud i'r mentrau hyn dalu. Mae tanwydd a chyflogau wedi codi'n arw dros y blynyddoedd wrth gwrs, ond yn y 1980au roeddem yn medru prynu bŷs newydd am £30,000, trefnu 30 o wyliau teithiol mewn blwyddyn gydag Eryl yn yrrwr arni a thalu amdani o fewn y flwyddyn honno. Derbyniodd Eryl ei drwydded yrru pan oedd yn 21 oed yn 1978 a'i joban gyntaf oedd mynd â llond bŷs ar y Cyfandir gan fod un o'r dreifars eraill wedi'i daro'n wael.

Yng nghanol y 1970au, gwnaed i ffwrdd â thrwydded arbennig i gwmni bysys gwyliau teithiol – roedd rhywun rhywun yn cael trefnu tripiau wedi hynny. Bu'n rhaid i Gaelloi fod un cam ar y blaen unwaith eto gan anelu i brynu'r bysys mwyaf moethus posib a chynnal y gymdeithas Gymreig a chyfeillgar oedd ymysg y teithwyr.

Richard Cutler, rheolwr gwerthu cwmni Yeats o Loughborough wrth gyflwyno býs Ford 45 sedd newydd sbon i Tomi Caelloi yn 1972

Cadw'r Teithwyr yn Fodlon

Rhowch griw o Gymry gyda'i gilydd ymhell o gartref a fyddan nhw ddim yn hir cyn troi'n gôr. Mi ddaeth hynny yn llythrennol wir yn hanes un o dripiau Caelloi. Gweinidog o Lanfairfechan oedd y Parch. Odo Pritchard ac roedd tyrfa o wragedd Môn yn digwydd bod ar yr un trip. Cyn dod am adref, roeddan nhw wedi ffurfio côr go iawn gydag Odo yn arweinydd arnyn nhw ac mi fuon yn cynnal nosweithiau gyda'i gilydd am flynyddoedd.

Mae'n debyg mai'r grŵp enwocaf i deithio o gymdeithas tripiau Caelloi oedd Hogia'r Wyddfa. Canol y chwedegau oedd hi, ar drip i ddyffryn Rhein a'r criw yn cael cyfle i ymweld ag un o'r 'Weingartens' yn ardal Koblenz.

'Roedd tua thair mil o bobol yno,' meddai Elwyn, baswr enwog yr hogiau. 'Roedd band ar y llwyfan a'r lle'n morio, a dyma ni'n holi os oedd na siawns i ni gael canu cân Gymraeg. Dyma bump ohonan ni i fyny – dau ffrind i mi, Dafydd a Tudur, a hefyd Arwel, Myrddin a finnau. Dyma ni'n canu "Bugail Aberdyfi" ar ryw diwn roedden i wedi'i chyfansoddi. Mi gawsom wrandawiad da a gwerthfawrogiad gwresog iawn. Beth bynnag, ar ôl inni ganu dyma'r poteli gwin ma'n dŵad o bob man. Chwarae teg, meddan ninnau – mae nhw'n hael efo'r canwrs. Roeddan ni'n meddwl ein bod ni'n cael gwin am ddim am ganu. Ond mi gawsom ni ail ar ddiwedd y noson pan gyrhaeddodd y bil!'

Nid dyna'r unig ganu fu ar y daith honno – roedd y criw yn canu yn y lolfa yn y gwesty bob nos a gan fod teithwyr o bob cwr o ogledd Cymru ar daith Caelloi, dyma'r hogiau'n dechrau cael gwahoddiadau i fynd i gynnal nosweithiau ar draws y gogledd ar ôl iddyn nhw ddod adref. Cyn hir roedd 'Hogia'r Wyddfa' yn enw cenedlaethol – ond mewn neuadd gwrw ar drip Caelloi y bu'r enedigaeth.

Dafydd, Elwyn, Tegid ac Arwel (a Myrddin y tu ôl i'r camera) – cnewyllyn Hogia'r Wyddfa yn ddiweddarach, ar daith Caelloi, rywle yn Ffrainc.

Y cantorion ar y llwyfan yn Weingarten, Koblenz

Mi fyddwch yn clywed Jonsi ar y radio yn sôn am gwmni Caelloi o dro i dro – rhywun yn dymuno cael cân i ddiolch i bawb am eu cwmniaeth ar ôl dod yn ôl o drip arbenng ar y Cyfandir. Fel rheol, mi ddywedith Jonsi rywbeth i'r perwyl: 'Dew, mae'r hen gwmni yn dal i fynd ydi o? Bysys Caelloi oedd yn mynd â Nhad i'r ysgol ers stalwm ... '.

Mae o'n dweud calon y gwir. Roedd tad Jonsi, Robat Gruffydd Jones, yn byw yn Felin Eithin ar ôl i ni symud dros y ffordd i fyw yng Nghae Mieri ac wrth gwrs Tomi Caelloi oedd yn mynd a'r plant i'r ysgol yn yr ardal honno. Roedd yna dri brawd yn Felin Eithin – Idwal (gafodd glamp o godwm pan oedd o'n eistedd yn y canol gyda thri ar swing uwch llechwedd serth; mi lithrodd Idwal pan oedd y swing yn uchel a'r gwymp yn hir am nad oedd ganddo fo raff i afael ynddi); Emrys (a gafodd drochfa pan ddisgynnodd i lyn Felin Eithin a dianc i gefn Cae Mieri i sychu yn yr haul) a Robat Gruffydd. Y stori dwi'n ei chofio am dad Jonsi ydi honno amdano'n neidio ar lawr y sied wair yn y Felin Eithin – llawr pren oedd iddi ac roedd cytiau'r moch ar y llawr isaf. Mi aeth Robat Gruffydd yn syth drwy'r llawr pydredig ac ar ei dîn i'r cytiau moch o tano!

Mae atgofion a gwerthfawrogiad llawer o'r rhai fu'n teithio ar dripiau Caelloi yn dangos mor bwysig yw trefnu gofalus a chael staff cartrefol er mwyn troi'r daith yn wyliau cofiadwy. Mae Caelloi yn cael ei gysylltu â dreifars oedd hefyd yn gwmnïwyr difyr ac yn aml iawn byddai dieithriaid yn troi'n gyfeillion oes ac yn dod yn eu holau gyda'i gilydd flwyddyn ar ôl blwyddyn.

Wrth edrych yn ôl dros war y blynyddoedd, mae'n braf medru trysori ambell lythyr cefnogol a phenillion llawn atgofion a hapusrwydd. Pwy ond y Cymry fyddai'n medru sgwennu barddoniaeth am dripiau bysys!

*Criw llawen ar drip Caelloi yn Gretna Green gydag Eric y dreifar
ar ei gwrcwd ar y chwith*

*Dros bedwar can milltir o adref ar drip Caelloi i Land's End: Emyr Jones y
dreifar yn y canol a Mrs Roberts, fy athrawes gyntaf yn ysgol Dinas ar y dde.*

Peulwys
Glan Conwy
LL28 5SL

At ffrindiau Caelloi

*Diolch am y teithiau eto eleni – trip cofiadwy Scarboro'
a'r trip i Southport, a diolch i'r ddau ddreifar am bob
gofal. Mae Gareth yn fwy na dreifar i ni bellach – mae O
yn un ohonom. Dyma gopi o'r hyn a ysgrifennais yn dilyn
taith Scarboro'.*

Pam bod raid i bobol heddiw
Deithio'r byd mewn eroplên
I chwilio am haul mewn gwledydd estron
Pan mae gennym wlad mor glên?

Nid oes well i'w gael yn unman
Pan ddaw'r gaeaf a thywydd gwael,
Na Llyfr Caelloi a'i deithiau perffaith
Cefnogwch rhain – 'does gwell i'w cael.

Yn y fargen cewch ŵr bonheddig
Sy'n gallu trin y criw bob un,
Bob dydd ymddengys yn urddasol
Y FO yw'n tywysydd o Ben Llŷn.

Diolch i Gareth eto eleni
Ac i Caelloi am ei fenthyg O,
Am y gwarchod cyson drosom,
O Ben Llŷn i Ben Scarboro'.

Diolch yn fawr unwaith eto.
Mari (Glan Conwy)

Elwyn a Raymond (y ddau ar y chwith) – dau o ddreifars Caelloi

Y dreifar y tro hwn oedd Elwyn – a hynny ar daith i Iwerddon

Taith yr Alban   Medi-Hydref 1998

I Gareth

Ar fore dydd Sul ddiwedd Medi
A Hydref yn dyfod i'w oed,
Aeth criw o ffyddloniaid yr ardal
I gyfarfod ym Metws-y-coed

Ac yno i'r funud fel arfer
Fe welsom y gair Caelloi.
Dan ddwylo Gareth y dreifar,
A phawb mor hoff o'r hen foi.

Dihafal ydyw Gareth
I'ch cludo ar eich taith.
Yn ddreifar medrus, pwyllog,
Pencampwr ar ei waith.

Ein tywys i diroedd yr Alban
O Moffat i Newtonmŵr
Pitlochry, Elgin ac Inverness
A blasu y whisgi yn Edradŵr.

Cawsom wybod am hanes yr Alban
Ac enwau'r afonydd i gyd,
Ac enw pob mynydd a dyffryn,
A jôc i'n diddori 'run pryd.

Rhaid diolch o galon i Gareth
Am gadw urddas Cwmni Caelloi,
Ac wrth i ni drefnu taith naw deg naw
Fe wyddoch pa ddreifar i'w roi:–
– Gareth –

Penillion talcen slip i gyfarch Gareth y gyrrwr

Aeth criw o'r ardal acw
Ar daith i Newtonmore –
Rhai i weld y golygfeydd
A'r lleill i chwilio am ŵr!
'O'r nefoedd,' meddai Gareth
Wrth weld criw brith y Traws
'Sut cadwa'i drefn ar rai fel hyn –
Dal haggis fasa'n haws!'

Ger Moffat dwedodd wrthym
'Edrychwch ar y dde –
Yma mae'r elyrch mwya
A welwch dan y ne'.'
Roedd pawb yn ysu i'n gweled
A thrôdd pob pen yn syth
I syllu ar adar – PLASTIG
Na welsant 'rioed 'run nyth!

Mi glywsom sôn am wartheg
Yn brownio yn yr haul,
Am gloc yn methu tician –
A hwrdd dim gwerth ei gael!
Wrth yrru ger Loch Laggan
Fe daerai'r du yn wyn
– Mai llwybrau rasus pysgod
Oedd llinellau ar y llyn!

Wrth glywed straeon rhyfedd –
A rhai yn gelwydd gola',
Dechreuodd Megan amau
Pob gair a ddôi o'i ena'!

Tra'n teithio o Fort William,
Dywedodd mewn llais clir
'Rôl gwrando ar ryw hanes:
'Dow, ydi o'n deud y gwir?'

Ond Gareth oedd yn ddistaw
Wrth adael Inverness –
Roedd dafad yn golledig
Wel dyma i chi 'fess'!
Trôdd ffôn y chwaer-yng-nghyfraith
Ein ffrind yn lwmp o gryndod,
Diolchodd mai dim ond o bell
Y gw'nebodd ei hawdurdod!

'Rôl crwydro'r uchelderau
Yn llyfn heb unrhyw och –
Na bowlio dros 'run clogwyn
I mewn i unrhyw Loch,
Mae'r tynnu coes a'r chwerthin
A'n taith bron dod i ben –
Rhown ddiolch hael i Gareth –
Ein 'Monarch of the Glen'!

Deilwen M. Evans

Criw Caelloi ar y cei yn paratoi i groesi o'r tir mawr i un o ynysoedd yr Alban

Gyrru'r bŷs ar y fferi

Pont gul Knock, Ynys Mull 2001

Taith Mull ac Oban Mehefin 29 – Gorffennaf 6, 2000

Ar ddechrau canrif newydd
A derbyn llyfr Caelloi
Mynd ati ar ein hunion
I ddewis yn ddi-ymdroi.

A buan daeth mis Mehefin
Ar heidio i Fetws-y-coed
Ond OW! 'roedd rhywbeth o'i le
Nid Gareth – ond Emyr a roed.

Rhoi croeso twymgalon i Emyr yn ôl
A deall bod Gareth i'w godi nes 'mlaen
Dotio at y goets newydd am sbel
Rhyfeddod – nas gwelom o'r blaen.

Codi Gareth ac ymlaen am yr Alban
Ar golygfeydd hyfrytaf fan hyn
Rhai ffyrdd yn droellog a chulion
Ac ambell bont yn ein gadael yn syn.

Rhyw fodfedd neu ddwy oedd yn sbâr
Wrth groesi pont NOC un prynhawn
Y criw i gyd a'u gwynt yn eu dwrn
Ond Dewin o ddreifar – ddaeth drosodd yn iawn.

Y tywydd – wyth niwrnod ysblennydd
A'r gwestai'n gyfforddus a chlên
A chri yn dod o bob calon
Am daith arall cyn mynd yn rhy hen!

Diolch i Emyr am gychwyn y daith
Mae yntau'n hen ffefryn ers tro
A Gareth sy'n awr yn pendroni
P'run ai Cymro ai Sgotyn fydd O!

Rhyw ferched bach del sy'n yr Alban
Am gadw'r hen hogyn yn ôl!
Ond y cyngor gen i yw, dal at Caelloi
A'r sicrwydd na fydd byth ar y dôl.

Mae pawb yn canmol 'rhen Gareth
A'i alw yn dipyn o *chap*
A chwmni Caelloi yn enwog trwy'r byd
Ar ôl cychwyn hefo poni a thrap.

Taith Connemara a Mayo   Mehefin 8-13, 1998

Y Dreifar Da

Y mae yn County Mayo – hen wylltir,
  A gelltydd i'w dringo,
  Ond Gareth – y di-guro,
  Wnaeth y daith yn berffaith – do!

Ieuan Jones

Arwydd arall o werthfawrogiad teithwyr ar wyliau Caelloi
yw'r adroddiadau sydd wedi ymddangos mewn papurau bro
dros y blynyddoedd.

Taith i'r Alban – Am 8 or gloch ar ddydd Sadwrn,
30fed o Fehefin cychwynnodd un o gerbydau
moethus Caelloi ar Daith Antur i'r Alban. Roedd
chwech o deithwyr ar y cerbyd yn gadael Pwllheli ac
wrth gwrs y gyrrwr Gareth a brofodd ei hun nid yn
unig yn yrrwr medrus ond hefyd yn dywysydd
gwybodus a gofalwr a ffrind i bawb ohonom.
Ymunodd chwaneg ar y ffordd hyd nes roedd pedwar
deg un yn gadael Corwen. Roedd llawer wedi teithio
ar wyliau gyda'i gilydd o'r blaen a chynnes oedd y
croeso fel ymunent â'i gilydd...
Llanw Llŷn

Gwyliau

Am adre bore Sadwrn ar ôl brecwast saith o'r gloch y
bore, a chyrraedd Betws-y-coed tua phump y
prynhawn. Dyna'r tro cyntaf i ni gael gwlaw ar hyd yr
wythnos sych a phoeth. Argraff y gwyliau mewn gair
yw gwych. Golygfeydd godidog, coets gyfforddus, a

Gareth y dreifar ar ei orau, ac yn adnabod pawb, dim yn ormod ganddo, gwestai da yn enwedig yn Fort William. Trefydd a'r pentrefi yn lân a thwt, y ffyrdd yr un môdd. Fel dipyn o gynghorydd plwy, buaswn yn gorfodi pawb o'r cyngor sir i fynd yno am fis o wyliau coets, i weld sut y dylai cefn gwlad edrych, mae golwg y diawl ffordd hyn, dim prês meddan nhw. Wel, dyna ni am rŵan, diolch i'r criw hapus am eu cwmni, ac i Caelloi fel arfer am y safon uchaf bosib.

Hwyl, George.

George, Eglwysbach
Ym mhapur bro Dyffryn Conwy: *Y Pentan*

Gareth y dreifar ar y dde

Y Trip Cyntaf i Baris

Ar ôl inni briodi, roedd Ellen yn helpu 'Nhad gyda'r gwaith papur yn y swyddfa o 1954 ymlaen ond daliodd ati i weithio fel athrawes nes ganwyd Nerys, y ferch, yn 1956. Unwaith y dechreuon ni gynnig teithiau gwyliau, roeddwn i'n gyrru'r bysys i bob cwr o ynysoedd Prydain ac Ellen yn gwneud llawer o'r trefniadau. Roedd gofyn cysylltu â gwestai yn ne Cymru, yn Llundain, yr Alban ac Iwerddon, a sicrhau llety a thelerau ffafriol. Doedd dim modd teithio'n gyflym a doedd dim traffyrdd bryd hynny, felly'n aml iawn roedd yn rhaid aros noson ar y daith os oeddem yn mynd fwy na rhyw gant a hanner o filltiroedd oddi cartref. Byddai pob stop paned a chinio wedi'i drefnu ymlaen llaw ar gyfer pob diwrnod o'r gwyliau – mae bod yn rhydd o ofalon felly yn rhan o'r pleser o deithio ar fysys fel hyn.

Yn amlwg, roedd Ellen yn cael blas mawr ar wneud y trefniadau hyn – roedd popeth yn digwydd drwy lythyr y dyddiau hynny, wrth gwrs. Doedd dim gwefannau ar gyfer cynorthwyo gyda'r ymchwil na dim e-bost i wneud trefniadau chwim. Roedd gan Ellen dipyn o Ffrangeg ac o 1960 ymlaen dyma'r cwmni yn wynebu'r her o ddechrau trefnu gwyliau ar y Cyfandir. Os oedd hi'n drafferthus cysylltu a gwneud trefniadau cyn hynny, roedd hi ddengwaith yn fwy cymhleth bellach. Mi gymerai dair wythnos i gael llythyr yn ôl – ac mi fyddai hwnnw yn Ffrangeg neu Almaeneg weithiau. Roedd ganddyn nhw rai i'w helpu efo Saesneg yn y pen draw a ninnau efo rhai i'n helpu gyda'r ieithoedd Ewropeaidd yma ym Mhwllheli, ac o dipyn i beth mi fyddem yn cael trefn ar bethau. Doeddan ni'n gwybod dim gwahanol ac roedd hynny yn hanner y peth.

Y bysys mwyaf moethus ym Mhrydain ar y pryd oedd yr

CAELLOI MOTORS

TOURS
TOURS
TOURS

BRITISH AND CONTINENTAL
Holiday Tours from £15 to £60

Save Pounds by Travelling on our Tours from
North Wales and back to North Wales.

T. H. JONES & SON,
West End Garage,
PWLLHELI

Tel. Pwllheli 256

TOUR No. 12

Belgium, Germany and Luxembourg 8 days

1st DAY. As first day in tour No. 10.
2nd DAY. Folkestone, Dover, Channel Crossing to Calais, Dunkirk, Ostend, Ghent, Brussels. Night Stay. Lunch en route.
3rd DAY. Louvain, Leige, Cologne, Manabour, Frankfurt. 3 Nights' Stay. Lunch en route.
4th DAY. Free in Frankfurt. Lunch and Dinner at Hotel.
5th DAY. Day tour to Black Forest. Lunch en route.
6th DAY. Wiesbaden, Trier, Luxembourg. Night Stay. Lunch en route.
7th DAY. Rheims, Soissons, Arras, Calais, Channel Crossing to Dover, Folkestone. Night Stay. Lunch en route.
8th DAY. As first day, in reverse.

TOUR No. 13

Italy 14 days

1st DAY. As first day tour No. 10.
2nd DAY. Dover, Channel Crossing to Calais, Arras, Soissons, Rheims. Night Stay. Lunch en route.
3rd DAY. Troyes, Dijon, Lyons. Night Stay. Lunch en route.
4th DAY. Chambery, Modane, Turin. Night Stay. Lunch en route.
5th DAY. Genoa, Spezia, Pisa. Night Stay. Lunch en route.
6th DAY. Cacine, Grosseto, Rome. 2 Nights' Stay. Lunch en route.
7th DAY. Free in Rome. Lunch and Dinner at Hotel.
8th DAY. Florence, Bologna. Night Stay. Lunch en route.
9th DAY. Reggio, Piacenza, Milan. Lunch en route. Afternoon free in Milan, with night stay.
10th DAY. Arona, Roron, Martigny, Lausanne. 2 Nights' Stay. Lunch en route.
11th DAY. Free in Lausanne. Lunch and Dinner at Hotel.
12th DAY. Pontarlier, Dijon, Auxerre, Fontainbleau. Night Stay. Lunch en route.
13th DAY. Paris, Beauvais, Abbeville, Bologne, Calais, Channel Crossing to Dover, Folkestone. Night Stay. Lunch en route.
14th DAY. As first day, in reverse.

SPECIAL ATTRACTION

LONDON EXPRESS SERVICE £2 Period Return

APPLY FOR FULL DETAILS

Super luxury coaches used on all tours, with first-class driver/couriers.
We also have super luxury coaches for Private party outings at very moderate terms.

WEDNESDAY. Free.
THURSDAY. Via Blandford, Forum, Warminster, Chippenham, Malmsbury, Cirencester, Gloucester. (Dinner and night stay).
FRIDAY. Worcester, Kidderminster, Bridgnorth, Shrewsbury, Llangollen.

TOUR No. 10

Switzerland 9 days staying 3 nights at Lucerne

1st DAY. Pwllheli, Criccieth, Portmadoc, Caernarvon, Bangor, Betwsycoed, Shrewsbury, Atherstone, Motorway London, Folkestone. Night Stay. Lunch en route.
2nd DAY. Dover, then Channel Crossing to Calais, Arras, Soissons, Rheims, Epinal, Basle to Lucerne. 3 Nights' Stay. Lunch en route.
4th DAY. Free Day in Lucerne. Lunch and Dinner at Hotel.
5th DAY. Day tour to Berne. Lunch at Berne.
6th DAY. Lucerne to Basle, Dijon. Night stay. Lunch en route.
7th DAY. Dijon via Auxerre to Fontainebleau Paris. Night stay. Lunch en route.
8th DAY. Beauvais, Abbeville, Boulogne, Calais, Channel Crossing to Dover, Folkestone. Night stay. Lunch en route.
9th DAY. At first day in reverse.

TOUR No. 11

Paris 7 days

1st DAY. As first day of tour No. 10.
2nd DAY. Folkestone, Dover, Channel Crossing to Calais, Boulogne, Abbeville, Beauvais, Paris. 4 Nights' stay. Lunch en route.
3rd DAY. Free in Paris. Lunch and Dinner at Hotel.
4th DAY. Day tour to Versailles. Lunch at Versailles.
5th DAY. Morning free in Paris, afternoon tour of City. Lunch and Dinner at Hotel.
6th DAY. Beauvais, Abbeville, Boulogne, Calais, Channel Crossing to Dover, Folkestone. Night stay. Lunch en route.
7th DAY. As first day of tour No. 10 in reverse.

Dechrau mentro ar deithiau i'r Cyfandir

Enghraifft o lyfryn mwy diweddar gan gwmni Caelloi

AEC a'r rhain oedd ein dewis ni ar gyfer y teithiau hirion hyn. Hwn oedd y cwmni oedd yn cyflenwi London Transport ac roedd modd cael eu partiau ar y Cyfandir. Erbyn 1965-66, roedd ganddon ni bump ar hugain o'r bysys hyn.

Dipyn o naid dros y clogwyn oedd hanes y trip cyntaf dramor – taith i Baris oedd honno. Doedd dim posib cael gwybod yn iawn gan neb beth yn union oedd ei angen ar gyfer y býs a'r teithwyr ond mi gawsom yswiriant ychwanegol, hysbysebu ym mhapurau'r gogledd a chyn hir roedd ganddon ni lond býs. Cwmni Smiths o Wigan a Salopian o Whitchurch oedd y ddau gwmni agosaf i ni oedd yn cynnig teithiau tramor, a doeddan nhw ddim yn cynnig codi neb yn nes na Llandudno. Mi welsom fod bwlch yn y farchnad a bu pobol y gogledd-orllewin yn ddigon parod ei mentro hi efo ni.

A thipyn o fenter oedd y daith gyntaf honno i Baris. Mi deithion i lawr i dde Lloegr ac aros noson yn Folkestone. Bore drannoeth, golygfa ddiarth iawn i ni gyd oedd gweld craen yn codi'r býs AEC oddi ar y cei a'i gosod ar ddec y llong ar gyfer y fordaith. Unwaith roeddan ni heibio'r morglawdd, dyma'r fferi'n taro storm 'Gêl ffôrs 8' yn y Sianel. Roedd hi'n morio go iawn – y tonnau'n ein lluchio o'r brigau i'r cafnau a doeddwn innau yn ddim llai nag yn teimlo'n sâl wrth grwydro'r llong yn ceisio llenwi ffurflen enw a rhif pasbort pob un o'r teithwyr ar drip Caelloi a ffurflen arall na wyddwn i amdani cyn hynny.

Er mwyn arbed amser teithio, roeddan ni wedi bwcio cinio yn nhŷ bwyta'r llong. Dyma neges dros y tanoi yn gofyn i'r 'Jones party' fynd draw am eu cinio. Dim ond wyth allan o'r deg a'r hugain oedd yn teimlo'n ddigon da i edrych ar fwyd. Mi eisteddodd Mrs Jones, Cemist Nefyn, ar gadair a dyma'r llong i dwll sydyn rhwng dwy don nes ei thaflu ar ei thin ar lawr. Daeth Robin Chwilog i mewn drwy ddrws y restaurant a chael ei daflu ar ei ben dros ddau fwrdd. Eisteddai'r ddwy Miss Jones, Fyrnwy – dwy chwaer a dwy hen ferch – gyda'u cyllyll a'u ffyrc yn barod i daclo'r cywion ieir ar y platiau a'u blaenau. Dyma'r llong ar ei hochor a'r tjicin i bob man, heblaw eu cegau syn nhw. Anghofia i fyth mo'r olygfa.

Euthum at y byrsar i esbonio nad oedd dros hanner y parti wedi llwyddo i ddod am eu cinio gan ofyn tybed fydden nhw'n ystyried gwneud bocsys bwyd i'r gweddill. Mi gytunwyd – ond y peth nesa welais i oedd y ddwy Fiss Jones yn bachu bocs bob un gan fy ngadael i'n fyr, roedd yn rhaid i mi geisio rhannu gweddill y wledd rhwng y rhai nad oedd wedi cael dim.

O'r diwedd, roeddan ni'n nesáu at Calais. Mi geisiodd y llong fynd drwy'r bwlch i'r porthladd ond mi gafodd ei thaflu yn ei hôl allan i'r môr gan nerth y tonnau. Ceisiodd eto a methu eto. Cyhoeddodd y capten dros y tanoi ei fod am roi un cynnig arall ac os methai o'r tro hwnnw byddai'n rhaid troi yn ein holau a dychwelyd i Loegr. Roedd yn ofni y byddai grym y lli yn ein taflu ar y traeth. Er mawr ryddhad, mi lwyddon ni ar y trydydd cynnig.

Roedd gan y tir sych ei broblemau hefyd. Doeddwn i erioed wedi gyrru ar ochr dde'r ffordd o'r blaen ond ar ôl rhyw ddeng milltir doeddwn i'n meddwl dim am y peth. Y drwg oedd bod y gwynt mor nerthol, roedd yn mynnu ceisio fy ngwthio i'r ochr chwith bob munud!

Roeddan ni wedi colli amser yn arw bellach a'r trefniadau wedi chwalu ond roedd yn rhaid aros am baned. Dyma weld 'Café' mewn hen bentref bach – ond roedd hwn yn wahanol iawn i Gaffi Gwalia yn dre. Bar oedd o i bob pwrpas, digon o fwg sigaréts cry yno i chi dorri'r awyr efo cyllell ac ogla garlleg yn dew drwy'r lle. Doedd ganddyn nhw ddim Saesneg na ninnau fawr o Ffrangeg ond mi ddaethon drwyddi rywsut. Roedd llawer ar y tripiau cynnar rheiny yn rhyfeddu nad oedd y Ffrancwyr yn medru siarad Saesneg. Toeddan ni wedi'n magu i gredu bod Saesneg yn mynd â chi i bob rhan o'r byd? Buan iawn y gwelson ni bod yn rhaid ymdrechu i ddysgu chydig o Ffrangeg, a dyna lawer o hwyl teithio ar y Cyfandir i mi.

Yn groes i'r bwriad, dyma gyrraedd Paris yng nghanol cyfnod gwallgof y 'rysh owar'. Roedd y ddwy Fiss Jones yn eistedd reit yn y ffrynt mewn lein efo fi (yng nganol y býs yr oedd y drws ar honno), ac mi glywn ochenaid fawr bob hyn a hyn wrth i gar gwyllt ddiflannu o dan ben blaen y býs. Doedd na ddim ffasiwn beth â '*Give Way*'!

Mi fu'n rhaid stopio i holi am y gwesty, dangos y cyfeiriad, siarad efo dwylo ac yn y diwedd dyma gyrraedd yr hafan hyfryd yn ddiogel. Wrth edrych yn ôl, dyna braf oedd hi bryd hynny hefyd – roedd digon o le i barcio ar y stryd reit o flaen y gwesty.

O hynny ymlaen, mi fwynhawyd y trip gan bawb, a phawb yn gweld gwerth ym mhob dim roeddan ni'n ei weld ac yn ei brofi. Roedd hwnnw'n drip saith niwrnod ac mi gawsom weld yr atyniadau i gyd – mi fûm i fyny i ben Twˆr Eiffel, ond roedd fy nghoesa i fel jeli wrth edrych dros yr ochr ar y llawr cyntaf hyd yn oed.

Troeon Trwstan ar y Cyfandir

Roeddan ni wedi cael bachiad ar ôl y trip cyntaf. 'Lle dan ni'n mynd nesa?' oedd hi'n syth ar ôl hynny. Cyn hir roeddan ni'n cludo criwiau o Gymry a chario enw Caelloi a Chymru i bob cwr o'r Almaen, Swistir, Awstria, Ffrainc a'r Iseldiroedd. Tyfodd yr awydd i weld dipyn ar y Cyfandir ac mae llawer o atgofion hapus iawn o'r gwmnïaeth a'r nosweithiau llawen ar y tripiau hynny. Roedd y Cymry yn blodeuo ac yn bwrw'u swildod yn seleri cwrw yr Almaen a sgwariau café's Ffrainc.

Doedd y ffyrdd ddim yn dda iawn ar ddechrau'r 1960au, wrth gwrs, slabiau o goncrid anwastad oedd ar autobahns yr Almaen ac wynebau sâl oedd ar ffyrdd sythion Ffrainc. Ond fe ddaeth pethau'n well. Mae'n siŵr mai'r toiledau oedd y sioc fwyaf mewn gwlad fel Ffrainc – mi fyddai tŷ bach ambell restaurant ddigon crand allan yn y cae yn rhywle. A doedd dim pan yn llawer ohonyn nhw – dim ond slaban ar lawr, lle i ddwy droed a thwll. Mi fyddai 'na 'fedydd tŷ bach' ar ddechrau pob trip i Ffrainc gyda theithwyr newydd a dibrofiad wedi tynnu'r tjaen cyn camu oddi ar y slaban. Y canlyniad oedd trochfa sydyn o ddŵr gwyllt nes bod esgidiau'r creadur yn wlyb diferol.

Roedd cofio am basport a chadw trefn ar ddogfennau yn rhywbeth diarth i lawer o deithwyr hefyd. Collodd un wraig ei phasport yn Salzburg, Awstria. Roedd wedi'i adael mewn banc ar fore Sadwrn wrth newid arian ond ni sylweddolodd hynny tan drannoeth pan oedd hi'n amser i ni adael am y porthladd. Ffoniwyd yr heddlu gan fod y banc wedi cau, ond doedd dim byd fedrai neb ei wneud gan fod switj amser ar folt y banc a wnâi hi ddim agor eto tan fore Llun. Doedd dim amdani ond trefnu bod y pasbort yn cael ei bostio yn ôl i Gymru ac anelu am y ffin. Rhoddwyd y deithwraig druan i orwedd ar hyd y sedd ôl efo bagiau drosti gan obeithio na fyddai swyddogion mewnfudo yn dod ar y býs. Drwy drugaredd mi fuon yn lwcus ar y ffordd o Awstria i'r Almaen ond mi ddaeth y swyddog arni wrth adael yr Almaen. Roeddan ni'n ddau ddreifar ar y trip hwnnw ac mi redodd yr ail ddreifar rownd talcen y býs, agor y drws cefn a thynnu'r wraig ddibasport allan a mynd â hi am baned tra oedd y swyddog yn bwrw llygad barcud dros fanylion pawb arall.

Fu William Emlyn, Llanfihangel, Rhydyclafdy ddim mor lwcus. Roedd wedi gadael ei basport yn y cês wrth adael y gwesty yn Oberammergau. Llwythwyd hwnnw i grombil y býs – un o'r rhai cyntaf ac felly un o'r rhai pellaf o'r drws.

'Waeth ti befo,' meddwn i wrtho, 'Dim ond piciad dros y ffin i Awstria i gael cinio yn Innsbruck a the yn Salzburg rydan ni. Dydi swyddogion Awstria ddim yn ponshan llawer efo llwyth fel ni.'

Felly fu – ond mi anghofiais fod angen dod yn ôl i'r Almaen ar gyfer y gwesty nesaf ar y daith y noson honno. Mi euthum i lawr o'r býs efo fy mhapurau a mhasport, ac er bod popeth yn drefnus o'm rhan i, mi fynnodd y swyddog ddod ar y býs i edrych ar basport pob un o'r teithwyr.

Swatiai William Emlyn yn y cefn, ond mi gyrhaeddodd hwn ato yn y diwedd.

'Can I see your passport, please?'

'I hafynt got ut.'

Ailofynnodd y swyddog yr un cwestiwn.

'I hafynt got ut. Ut us un ddy cês un ddy bwt.'

'Are you English?' holodd yr Almaenwr.

'Argol, no. Cymro ffrom Rhydyclafdy.'

Roedd y býs i gyd yn pwffian chwerthin bellach ac mi welodd yr Almaenwr ei fod yn colli tir o dan ei draed ac mi adawodd i William Emlyn fynd.

Dyna dro chwithig oedd hwnnw pan oeddan ni'n anelu am yr Almaen ac mi dor'son i lawr ym Mhentrefoelas ar y

Eryl a'i fŷs yn yr eira yn Norwy – y criw yn gorfod clirio'r eira o'i flaen a hitha'n ganol haf

ffordd yno hefyd. Roedd yr AEC yn colli pŵer ac roedd rhaid i mi fynd at yr injan – roedd honno o dan y fflôrbôds yng nghanol y bŷs. Ar ôl blîdio'r pwmp tanwydd a phwmpio'n reit dda, mi daniodd ac mi aethom yn ein blaenau'n iawn nes cyrraedd Llundain. Dyma'r un peth yn digwydd eto. Dyma finnau'n gwneud yr un peth ac o'r diwedd mi gyrhaedd'son Folkestone i fwrw'r nos. Mi es i lawr at y bŷs yn gynnar drannoeth – roedd hi'n tanio, ond ddim yn refio. Mi ddaeth ati'i hun yn y diwedd ond roeddwn i'n ofni'r allt go hegar sydd rhwng Folkestone a Dover. Mi ddaliodd – ond ddim ond tan rhyw ddwy filltir y tu draw i Ostende. Mwy o blîdio a phwmpio ac mi gyrhaeddon ein gwesty cyntaf yn Brussells gyda'r amynedd wedi treulio cryn dipyn.

Mi fues i ati yng ngolau lamp y noson hono, yn datod y peips a chwythu ac roedd hi i'w gweld yn iawn fore drannoeth. Ond dim ond am ddwyawr. Mi fethais yn lân â symud y pwmp y tro hwnnw. Mi fu'n rhaid ei ddatod yn ddarnau ac yn y diwedd mi welais fod y pin oedd yn gweithio'r deiaffram wedi plygu. Mi lwyddais i ryddhau hwnnw, ei ffeilio a rhoi popeth yn ôl a galw'r teithwyr oedd wedi crwydro i lawr y lôn i siop gwerthu falau. Chafwyd dim trafferth ar ôl hynny ac er ein bod ddwyawr yn hwyr yn cyrraedd Cologne i ginio, roedd pryd wedi'i gadw ar ein cyfer.

Roedd hi'n hanfodol fy mod i fel dreifar yn fecanic bysys yn ogystal – ac mae llawer o'n dreifars wedi bod yn hyddysg iawn yng nghrombil y peiriannau erioed. Dyna oedd y drwg gyda'r bysys AEC yn y diwedd – doedd ganddyn nhw ddim asiantaethau ar y Cyfandir a phan oedd pethau'n mynd o'i le, mi allasai fod yn reit fain. Dyna pam ddaru ni symud at fysys Volvo yn y diwedd. Erbyn heddiw, os bydd trafferth gyda bỳs ar y Cyfandir, does ond rhaid i ni ffonio Warwick gyda lleoliad y bỳs a byddan nhw'n trefnu popeth ar ein rhan.

Tra oeddan ni'n aros mewn gwesty yn Hamburg, roedd gwraig mewn dipyn o oed mewn dipyn o fyd am ei bod wedi defnyddio'r 'bidet' yn ei llofft fel toilet. Mi drodd am gymorth saer o Fae Colwyn oedd yn aros drws nesa iddi – oherwydd toedd y llanast ddim yn fflysho. 'Gadwch o i mi,' meddai hwnna a chwarae teg iddo, mi gliriodd y 'bidet'. 'Y samon mwya welais i erioed!' medda fo wedyn!

Dyna oedd yn dda ar y tripiau cynnar – roedd pawb yn dotio ac yn gweld rhinweddau ym mhob dim. Tydi pobol ddim mor hawdd eu plesio erbyn heddiw.

Daeth dyn i'r gwesty yn Luxembourg un tro a chynnig bod y grŵp yn cael mynd i glwb nos yn y ddinas am ddim, petaen nhw'n cyrraedd yno'n gynnar. Roedd y rhan fwyaf yn awyddus i fynd ac roeddwn innau wedi eu siarsio os oedden nhw eisiau hel diod, eu bod nhw'n yfed digon cyn mynd gan y byddai pob diod yn costio crocbris yn y clwb. Roeddwn i'n eistedd wrth ochr Gabriel, hen ffermwr o ochrau Llanllyfni, pan gyrhaeddodd yr hogan yma mewn dilladau cwta a dechrau gorwedd ar lawr a rhwbio'i thin. Dyma Gabriel â phwniad imi a dweud, 'Lwcus na ddaru mi ddim dod â'r hen gi sgin i adra efo mi neu faswn i byth yn medru mynd â fo o'ma!' Dipyn o gymêr oedd Gabriel – byddai'n dod gyda'i gariad, nyrs o Ben-y-groes, y ddau mewn stafelloedd sengl. Pan fyddwn i'n dod i fyny'r grisiau efo fo yn hwyr yn y nos, byddai'n cogio anelu am ei stafell ei hun a minnau'n rhoi pesychiad amheus wrth nos dawchio. Un tro, roedd o'n feirniadol iawn o fy nreifio i ac wrth ei fodd yn tynnu coes. Y cwbl ddywedais i wrtho oedd, 'Wel, o leia mae gen i leisans i ddreifio!'

Un arall oedd yn dod ar y tripiau ac yn dipyn o gymêr oedd Ifan Refail, Pentreuchaf oedd yn gweithio dipyn i Now Foty, y Porthmon. Roedd criw tafarn y Twnti, Rhydyclafdy yn tynnu coes Ifan pan ddywedodd o wrthyn nhw ei fod yn mynd i'r Almaen: 'Be ti haws â mynd i fan'no, rŵan, Ifan – pam na fysat ti'n mynd adeg rhyfel?' Mi gododd Ifan beint o'r cwrw melyn traddodiadol ar ôl cyrraedd yr Almaen a medda fo wrth edrych yn feirniadol ar y ddiod drwy'r gwydryn: 'Does na fawr o stwff yn hwn, sdi. Mond dŵr – sbia gola ydio o!' Doedd Ifan ddim ond wedi cael rhyw ddau nad oedd ei gap o ar ochr ei dalcen. Roedd hi wastad yn ddifyr mynd dramor gyda chymeriadau nad oedd erioed wedi bod yn fawr o unlle o'r blaen.

Ar y ffordd adref, roeddan ni'n aros am swper mewn gwesty yn Northampton. Roeddwn i'n eistedd yn y cyntedd yn darllen papur newydd pan ofynnodd dyn lleol o ble oeddan ni i gyd yn dod. Gogledd Cymru, meddwn innau yn naturiol. 'Do you know a man called Owen Jones?' oedd y cwestiwn nesaf a dyma finnau yn ceisio egluro bod sawl un ym mhob pentref. 'Owen Jones, the cattle dealer,' meddai yntau. 'O, Now Foty,' meddwn innau. 'That's the bugger!' –

Volvo 1984 – un o'r bysys llawr uchel cyntaf a gawson oedd yn llawer brafiach i deithwyr a chyda mwy o le i storio cesys. Hynny fedrech chi ei neud oedd cario ambell gês – os byddai un felly, yr hyn ddeudwn i oedd: 'Dach chi'n edrach yn fwy ffit na fi cariwch chi o!'

roedd hi'n amlwg fod yr hen Now wedi cael y llaw uchaf arno rhyw dro.

Ar ôl dod yn gyfarwydd â theithio ar y Cyfandir, roedd gennym rwydwaith o gysylltiadau a phrofiad o amser a phellter rhwng gwahanol leoedd. Un o'r pethau anodd i'w mesur ar y dechrau oedd faint o amser a gymerai hi i'r grŵp gael cinio mewn gwesty ar daith diwrnod. Cymerai ugain munud inni fynd i mewn i dref go lew a pharcio, ac ugain munud i adael – ond roedd rhaid caniatáu tua dwyawr i fwyta ar ben hynny oherwydd doedd brysio pryd o fwyd ddim yn cael ei ganiatáu, yn arbennig felly yn Ffrainc. Roedd gennym ddolen dda gyda gwesty'r Lion d'Or yn Reims ers rhai blynyddoedd ac un o'n hoff lefydd i dreulio noson neu ddwy ynddo yng ngogledd Ffrainc.

Byddem yn bwcio'n dyddiadau yn gynnar a chael

cadarnhad drwy lythyr yn ôl y drefn arferol ac felly roedd popeth yn ei le ar gyfer y trip nesaf – neu felly'r oeddem ni'n credu. Dyma ergyd oedd cael neges ychydig wythnosau cyn teithio bod y cwmni wedi mynd yn fethdalwyr. Panic a chwilio am westy arall ar frys. Llwyddwyd i drefnu un, ond cael a chael oedd hi. Pan gyrhaeddwyd y lle, dyma rhyw wrach o ddynes yn agor y drws gyda dim ond un dant yn ei phen. Suddodd fy nghalon i'm sodlau – roedd fy ofnau gwaethaf wedi dod yn wir. Gadewais y teithwyr gan ymesgusodi drwy egluro bod rhaid i mi fynd i barcio'r býs yn rhywle. Mi dreuliais bron i awr yn parcio gan roi cyfle i bawb, mi dybiais, i setlo yn eu stafelloedd a delio efo'u cwynion eu hunain! Doedd neb yng nghyntedd y gwesty pan gyrhaeddais yn ôl, ond amser swper mi gawsom bryd saith cwrs – y swper gorau i ni ei brofi ar y Cyfandir erioed. Roedd hi'n amlwg bod yr hen wrach yn gwybod beth i'w roi yn ei chrochan!

Salwch difrifol yn taro un o'n gyrrwyr ar y Cyfandir ydi'r peth arall sy'n aros yn y cof. Yn 1994, roedd Eric Saer o Dinas, hogyn Ambrose yr adeiladydd yn gyrru llond býs i fyny dyffryn y Rhein ac yn aros yn Campborhofen ger Koblenz. Siarsiodd y criw i gyd fod rhaid cychwyn yn gynnar drannoeth gan eu rhybuddio, 'Gwnewch yn saff eich bod yn codi mewn pryd fory neu fydda i yno i'ch tynnu chi o'ch gwlâu'.

Rhywbryd yn ystod y nos clywodd un o'r teithwyr sŵn cnocio i lawr y coridor, yna distawrwydd a feddyliodd yntau ddim mwy am y peth. Ailddechreuodd y cnocio am chwech y bore a'r tro hwn cododd ac aeth i weld o lle roedd yn dod. Sylweddolodd ei fod yn dod o stafell wely Eric y gyrrwr. Curodd ar y drws a holi os oedd popeth yn iawn, ond ni chafodd ateb. Penderfynodd alw'r rheolwr a daeth yntau i fyny gyda 'master-key'.

*Llynges Volvo Caelloi yn 1978 a'r dreifars yn eu seddau
(o'r chwith): Brian, Charles, Dennis, Eryl a Dafydd*

Cafwyd fod Eric druan wedi cael strôc yn ystod y nos ac na fedrai lefaru gair. Galwyd am ambiwlans ond mynnai Eric gael crys glân cyn gadael ei stafell – disgyblaeth gyrrwr bŷs oedd hynny, yn cael crys glân bob bore ac un arall wedyn ar gyfer y nos. Bu'n rhaid ei helpu i'w wisgo ond yn anffodus dioddefodd Eric strôc arall ar y ffordd i'r ysbyty.

Bu'n rhaid i ni hedfan Eryl a Jean, gwraig Eric allan i'r Almaen ac Eryl edrychodd ar ôl y trip ar ôl hynny. Bu'r gwesty yn Campbornhofen yn eithriadol o dda efo ni fel cwmni a chyda Jean – cafodd Jean aros yno am y dair wythnos cyn y daeth Eric ato'i hun yn ddigon da inni drefnu awyren breifat, ynghyd â doctor a nyrs i ddod â nhw yn ôl i Faes Awyr Caernarfon. Mi ddaeth Eric yn ddigon da i fedru cerdded o gwmpas gyda chymorth pulpud, ond ni lwyddodd i feistrioli'i leferydd ar ôl hynny. Codi'i galon drwy dynnu arno fyddai Nerys y ferch.

'Sut mae'r secs leiff, Saer?' fyddai hi'n ei ofyn iddo wrth ei weld ar ei bulpud.

Gwenu a phwyso botwm 'Headache' wnâi Eric!

Y daith gyntaf i Berlin

Pan ges i fy ngalw i'r lluoedd arfog adeg y rhyfel, mi ges rybudd wrth i mi wneud cais i ymuno â'r Awyrlu:

'Mae'n anodd iawn mynd i mewn i'r RAF. Pam nad ei di i'r Nêfi? Mae 'na ddigon o le yn fan'no?'

'Isio cwffio Jermans sy' arna' i nid siarcod?' oedd fy ateb innau.

Mi gefais fy nerbyn i'r RAF ac yn Swydd Bedford y bûm i dros y cyfnod hwnnw, yn astudio *'navigation'* yn bennaf. Mi ddaeth hynny yn gymorth mawr i mi gyda bysys Caelloi yn ddiweddarach. Un o'r pethau a ddysgais wrth ddechrau gyrru ar dripiau oedd bod yn rhaid astudio mapiau yn ofalus ymlaen llaw a chael rhyw syniad o'r ffordd ac o'r enwau yn eich pen cyn tanio injan y bŷs. Bryd hynny, doedd dim arwyddion yn rhybuddio gyrwyr fod croesffordd neu dro o'u blaenau – dim ond arwydd bychan yn y groesffordd ei hun ac roedd hi'n hawdd iawn methu. Ar y Cyfandir, roedd pethau'n fwy cymhleth fyth gan fod enwau lleoedd yn amrywio o iaith i iaith – yn yr Almaen er enghraifft, Cologne oedd ein henw ni ar y ddinas honno ond yr enw Almaeneg Köln fyddai ar yr arwyddion wrth gwrs.

Yn gynnar yn y 1960au roeddem yn ddigon hyderus i fentro taith i Berlin. Dyna enw oedd yn fyw ar bob carreg aelwyd bryd hynny gyda'r rhyfel newydd ddod i ben bymtheng mlynedd ynghynt a ninnau yn dal yng nghanol helyntion y Rhyfel Oer, rhannu'r Almaen a gwrthdrawiad y bydoedd Gorllewinol a'r Dwyreiniol.

Cafwyd 30-35 o deithwyr i ymuno ar y gyntaf o dair taith i Berlin a chroesi o Harwich i Braymerhafen wnaem ni bryd hynny. Roeddem yn gadael tir am bump y nos ac yn cyrraedd hanner dydd drannoeth ac ymlaen wedyn i dreulio dwy noson yn Hamburg. Gyda'r nos, roeddem yn cael trip dan arweiniad tywysydd lleol o brif atyniadau'r ddinas – gan alw heibio'r 'Green Wall' enwog lle roedd puteiniaid yn newid shifftiau fel petaen nhw mewn ffatri!

Roeddwn wedi dewis y ffordd gyflymaf i gyrraedd Berlin – aethom drwy'r tollau gorllewinol heb drafferth ond cawsom ein troi yn ôl gan y tollau dwyreiniol. Bu'n rhaid rowndio wedyn a chymryd llwybr arall o gyfeiriad Hanover a chyrraedd y ffin yn Hastad. Roedd y ffordd yn rhedeg drwy dwnnel o ffens a weiar bigog at y ffin. Drwy'r tollau gorllewinol ac yna wyneb yn wyneb â milwr Rwsaidd yn cario sybmashîn-gyn. Heddlu Dwyrain yr Almaen oedd yn ymwneud â ni wedyn – ac yn sicr nid 'croesawu' fyddai'r gair priodol ar gyfer y driniaeth honno! Doedd dim posib trefnu visa ymlaen llaw – roedd rhaid i mi lenwi pum ffurflen gydag enw, cyfeiriad, galwedigaeth a faint o arian parod oedd pob un o'r teithwyr yn ei gario. Buom yno ar y ffin am ddwy awr. Cyflwyno'r cais visa a disgwyl! Hanner awr yn ddiweddarach derbyn y cadarnhad ac yna gorfod croesi'r ystafell i ddangos pasborts – roedd rhaid agor pob un ar y dudalen llun a chyflwyno'r cyfan yn nhrefn y rhestr ar y ffurflenni. Doedd dim un wên i'w chael gan neb, llygaid sarff yn ein gwylio ym mhobman.

Dau gam o swyddfa'r pasborts, roeddem yn cyrraedd y barrier – ac roedd angen dangos y papurau i gyd yn fan'no eto. Rhedeg ar hyd ffordd gaëedig drwy'r coridor weiren bigog wedyn am ryw bedwar ugain milltir o daith i ddinas Berlin. Doedd dim golwg o le bwyta yn unman felly roedd hi'n dda fy mod wedi morol am becyn bwyd cinio i'r teithwyr i gyd. Aros mewn le-bai i fwyta hwnnw. Roedd dipyn o frechdannau salami yn y parseli a chan fod hwnnw yn rhy sbeisi gan lawer o'r Cymry, roedd dipyn o wastraff i'w daflu i'r bun ochr lôn. Cyn bod pawb yn ôl ar y bŷs, roedd wyth neu ddeg o blant wedi glanio ac yn cwffio am y sbarion o'r sbwriel.

Ymlaen, ac roedd y gwelltglas yn ymddangos yn llwyd hyd yn oed. Rhyfeddod arall oedd gweld heidiau o wragedd yn eu hoed a'u hamser, mewn dillad duon, yn gweithio ar y ffyrdd gyda shefliau mawrion. Wrth adael Dwyrain yr Almaen i groesi'r ffin i Orllewin Berlin, roedd yn rhaid i bawb adael y býs a than lygad barcud y giard dderbyn cerdyn llythyren a rhif A1-10, B1-10 ac ati. Wedi inni sefyll mewn rhesi yn ôl ein llythrennau ac i'r giard ein cyfri, caen fynd yn ôl ar y býs – mae'n debyg mai anllythrennog oedd y giard ac mai dyma'r unig ffordd y gallai gyfri'n gywir. Roedd milwyr yn dod â drychau dwy droedfedd o led ar olwynion i edrych am ffoaduriaid o dan y býs ac yn codi pob 'trap door' yn y lloriau. Unwaith eto roedd yn rhaid nodi faint o bres oedd gan bawb – roedd yn dorcyfraith delio mewn arian tramor yn y dwyrain ac yn drosedd i ddod ag arian dwyreiniol allan o'r wlad. Ar ôl i mi arwyddo'r ffurflen dros bawb, dyma rywun yn gwaeddi ei fod wedi dod o hyd i bapur decpunt arall!

Roedd Gorllewin Berlin fel gŵyl Awst liwgar, lawen ar ôl profiadau'r dwyrain – pawb yn glên, yn gwenu, ond neb yn sôn am y rhyfel. Newid tywysyddion yn Checkpoint Charlie i groesi'r ffin eto a'r tro hwn dangos llanast y rhyfel oedd un o brif nodweddion y trip. Ar ddydd Sul roedden ni yn Nwyrain Berlin ac roedd hynny o bobol oedd o gwmpas yn welw ac mewn dillad sâl a llwydaidd. 'Mae'n Sul,' meddai'r tywysydd. 'Mae'r rhan fwyaf o'r boblogaeth allan o'r ddinas yn eu bythynnod gwledig ar hyn o bryd.' Arhosodd efo mi ar y býs o flaen rhyw amgueddfa: 'As if the poor buggers could afford country cottages,' cyfaddefodd wrthyf.

Yn ôl i'r gorllewin a chael dringo i ben un o'r gwylfeydd lle gallem edrych i lawr ar y wal enwog a gweld y ddinas ddwyreiniol. Yma ac acw roedd tomenni o flodau lle roedd rhywrai oedd wedi ceisio dianc wedi cael ei saethu. Dipyn o ias oedd dod wyneb yn wyneb â'r rhwyg mawr a grëwyd ar ôl y rhyfel, ac roedd y wal uchel, y gwifrau pigog, y tyrau gards a'u sbienddrychau a'u gynnau yn brofiad wnaiff aros efo mi am weddill fy nyddiau.

Morgan ac Eryl – ar un o'r teithiau

Sefyll yn erbyn Crosville

Erbyn diwedd y 1960au, roedd Crosville yn llygadu'r busnes teithiau roedd Caelloi wedi'i feithrin. Dyma'r cwmni mawr felly yn penderfynu sathru ar faes y cwmni bach a gwneud cais am drwydded tripiau gwyliau. Bu'n rhaid i ni hurio bargyfreithiwr a threulio pedwar niwrnod yng ngwrandawiad y Comisiynwyr Traffig yn Llandudno er mwyn herio eu cais. Mi geisiodd Crosville fy nhemtio i setlo y tu allan i'r gwrandawiad – na fydden nhw'n dechrau gweithredu yn y maes am bum mlynedd pe bawn yn tynnu gwrthwynebiad Caelloi yn ei ôl.

Ar ôl trafod gyda'r bargyfreithiwr, gwrthod y fargen wnaethon ni – a braf medru dweud mai ni a gariodd y dydd hefyd. Yn ystod y pedwar niwrnod hwnnw cefais gyfle i edmygu gwaith y bargyfreithiwr – roedd o'n beryg bywyd, yn cerdded wrth ochr tyst yn mynd â fo am dro yn braf un munud, a'r munud nesaf yn rhoi hergwd iddo i'r ffos! Roedd

Depo Crosville, cyn iddo gau ym Mhwllheli

*Bỳs syrfis Garnfadryn – roedd Caelloi yn mynd o Dinas am Bwllheli
drwy'r Garn ar ôl i Crosville roi'r gorau i'r gwasanaeth hwnnw*

dyn undeb o Fethesda yn un o dystion Crosville. Yn wên i
gyd, gofynnodd ein bargyfreithiwr iddo os oedd yn
cynrychioli fo'i hun neu'n cynrychioli ei undeb? Ei undeb,
oedd yr ateb. 'Ac yn eich gwaith fel dyn undeb,' holodd y
bargyfreithiwr yn glên, 'mi fyddwch yn cwffio â'ch deg ewin
dros hawliau eich gweithwyr am gyflogau teg yn y chwarel?'
'Byddaf,' oedd yr ateb, gan wenu a sgwario. 'Eto, dach chi'n
fodlon gweld dreifars Caelloi yn cael eu taflu ar y clwt?' oedd
yr ergyd farwol.

Eryl yn gafael yn y llyw

Doeddwn i rioed wedi ceisio perswadio Eryl i ddod i mewn i'r busnes ond pan oedd o'n gorffen yn Ysgol Penrallt, dyma Ellen yn digwydd taro ar y prifathro ar y stryd. Roedd hi'n ei nabod yn iawn wrth gwrs gan ei bod yn arfer bod yn athrawes yno.

'Dan ni wedi bod yn cyfweld aelodau'i ddosbarth o ynglŷn â gyrfaoedd,' meddai'r prifathro. 'Mynd i'r busnes bysys oedd sylw Eryl pan ddaeth ei dro, a dydi'i fryd o ddim ar unrhyw beth arall, ichi fod yn gwybod.'

Felly fu. Mi ddechreuodd yn y garej yn hogyn ifanc. Mi gafodd y job o ail-dredio teiars un tro ac mi es heibio iddo i weld sut hwyl roedd o'n ei gael. Roedd o'n laddar o chwys – erbyn dallt, roedd o'n torri'r teiars yn oer a heb gynnau'r switj trydan i gynhesu'r llafn!

* * *

'Mae'n siŵr bod yna olwynion ar bob dim roeddwn i'n chwarae efo fo pan oeddwn i'n blentyn,' meddai Eryl yn garej Caelloi, rhwng dwy stem o waith ar y bysys syrfis lleol. 'Mi fûm i ag awydd mynd i'r RAF am blwc, ond pan ddaeth hi'n amser penderfynu go iawn, roeddwn i wedi treulio llawer gormod o oriau efo Taid yn garej Caelloi yn Dinas, yn stwna a glanhau a hyd yn oed dechrau dreifio bysys o gwmpas yr iard i feddwl am ddim ond dod yn rhan o'r cwmni. Ro'n i'n cael dreifio mwy o dan oed gan Taid na neb arall, wrth reswm.'

Yn ddeunaw oed, enillodd Eryl ei drwydded i yrru bysys gweigion. Roedd hynny yn ddefnyddiol i'r cwmni gan fod angen mynd â bysys i fyny i Blackpool weithiau i wneud gwaith arbenigol ar eu cyrff, fel newid y rybyrs o gwmpas y

Eryl wrth ei waith

ffenestri. Yn fuan, roedd yn mynd ar dripiau – gan wneud gwaith 'arweinydd taith' yn edrych ar ôl y teithwyr, disgrifio'r hyn oedd i'w weld a chynnig cynghorion. Cyn hir, cafodd ei drwydded lawn a dyma ddechrau crwydro'r Cyfandir o ddifri gyda thaith gyntaf i Rufain o bobman.

Mae gwaith y gyrru a'r garej fel ei gilydd yn apelio at Eryl – ond mi gaiff rhywun arall wneud y gwaith papur, medda fo! Mae wrth ei fodd yn mynd i leoedd newydd, ac er bod y trefniadau yn hwylusach erbyn heddiw, mae ambell sypreis yn eu haros o hyd.

'Dwi'n cofio'r tro cyntaf inni fynd i wlad Pwyl,' meddai. Roedd y wlad erbyn hynny yn rhan o'r Gymuned Ewropeaidd ac roedd yna lawer o welliannau amlwg yno. Adeiladwyd rhwydwaith o ffyrdd da – roedd yn amlwg bod hynny wedi bod yn flaenoriaeth ganddyn nhw. Roeddan nhw wedi cael grantiau o Ewrop at y rhwydwaith, gan gynnwys talu am arwyddion mawr crand. Wrth fynd i lawr un o'r traffyrddd yma, dyma feddwl y byddai'n syniad da aros am baned yn un o'r caffis oedd yn cael eu hysbysebu ar yr arwyddion. Troi i mewn yn y nesaf – a doedd dim byd yno ond tomen o bridd. Roeddan nhw wedi medru fforddio gwneud yr arwyddion – ond doeddan nhw ddim wedi cael yr euros i adeiladu'r caffi eto!'

Mae Eryl yn hyderus y bydd galw am y math o wyliau y mae Caelloi yn eu cynnig yn gyson yn y dyfodol. 'Mae pobol yn hoffi rhoi'r cês yn nhrwmbal y býs ym Mhwllheli a theimlo bod eu gwyliau yn dechrau ar unwaith,' meddai. 'Ein cyfrifoldeb ni ydi'r teithio a'r llety a'r adloniant i raddau helaeth, ac felly y dylai hi fod. Cyn dyddiau'r euro, roedd pobol yn dod am y tro cyntaf ar y Cyfandir yn aml iawn yn dewis y daith bellaf un – er mwyn cael gweld cynifer o leoedd ag oedd posib. Roedd hynny yn golygu bod ganddyn nhw weithiau arian o chwe gwlad wahanol yn eu waledi. Fydden ni ddim yn stopio mwy na phaned a chinio yn ambell wlad, felly un o'n dyletswyddau ni oedd helpu'r teithwyr i gofio cael gwared ar eu newid mân cyn croesi ffiniau. Helpu efo'r pethau bach yma sy'n gwneud y gwahaniaeth yn aml.'

Gwelodd Eryl newid ym mhatrymau cymryd gwyliau rhai o'u cwsmeriaid serch hynny – 'Mae llawer mwy yn cymryd pedwar neu bump gwyliau byr o ddeuddydd neu dri erbyn heddiw, ac maen nhw yn eu cymryd drwy'r flwyddyn gron. Ar ddechrau'r wythdegau, un gwyliau mawr deng niwrnod neu bythefnos a thymor gwyliau o'r Pasg hyd wythnos Diolchgarwch oedd hi. Gwyliau bach, cyson ydi'r galw bellach a rhaid i ninnau ymateb i hynny.'

Mae býs newydd foethus yn costio £250,000. Erbyn hyn mae Caelloi yn canolbwyntio ar gadw nifer llai o fysys, ond cadw safon y rheiny cyn uched ag sydd bosib: 'Mae ganddon ni bum býs Cyfandirol; dwy fýs syrfis ac un dybyl decar i

Gofalu am y bysys yn y garej

fynd â phlant i'r ysgol ar hyn o bryd,' meddai Eryl. 'Mae hynny yn golygu bod ganddon ni dair ffon fara yn cynnal y busnes – cludo i ysgolion; rhedeg gwasanaeth lleol a theithiau gwyliau a gwasanaeth preifat.'

Ymddeol? Un o'r pethau gwaethaf ...

Byddaf yn dal i weithio'n gyson, er fy mod bellach dros fy mhump a phedwar ugain. Mi ddreifiais ddybyl-decar i nôl plant i'r ysgol o Chwilog y bore 'ma ac yna byddaf yn gwneud rhyw bethau o gwmpas y garej a'r swyddfa yng Nglan-y-don, Pwllheli. Rwy'n ffyddiog at y dyfodol – mae cymaint o broblemau gyda hedfan y dyddiau hyn ac mae pobol yn laru ar yr anghyfleustra a'r aros yn y meysydd awyr. Bydd llawer sy'n teithio efo Caelloi yn brolio – 'Dan ni 'mond yn rhoi'r cês yng nghrombil y bỳs ac mi fydd y gwyliau *wedi* dechrau.' Mae'r gwmnïaeth mor braf ar y bysys, gyda chriwiau o Lŷn, o Fôn ac Arfon yn plethu i'w gilydd yn gymdeithas hapus o fewn dim.

Mi fyddem yn mynd am wyliau ein hunain hefyd. Chwefror oedd ein mis tawelaf ni, ar ôl gwneud y gwaith

Mae dwylo Herbert yn brysur o hyd yn y garej yng Nglan-y-don

Elwyn Jones, Llanbedrog – un o'r hogia – yn cyflwyno anrheg i Ellen a min-nau yng ngwesty'r Crown, Pwllheli.

*Goronwy a Lady Marian – cyflwyno blodau i fy mam ar yr un achlysur;
(o'r chwith i'r dde: T.H., Nerys, Lady Marian, Mam, Eryl, Ellen a'r
Arglwydd Goronwy Roberts)*

bwcio yn Rhagfyr a Ionawr. Mi brynsom *'timeshare'* yn Tennerife, gan ymrwymo i fynd yno am bythefnos bob dechrau Chwefror. Mae'n dda ein bod wedi ymrwymo hefyd neu go brin y buasem wedi mynd. Ond mae cael toriad yn llesol. Roedd hi'n gynnes braf yno yn Chwefror – er nad ydw i'n fawr o un i eistedd yn yr haul chwaith. Mae awr yn yr haul yn hen ddigon gen i – mae'n rhaid i mi godi a mynd i grwydro wedyn.

Un o'r pethau gwaethaf wnaiff rhywun ydi ymddeol. Mi wn i am lawer o ffrindiau sydd wedi edrych ymlaen yn fawr at gael amser rhydd ar eu dwylo, ac yna wedi syrffedu'n lân o fewn blwyddyn. Mae'n rhaid i bawb gael rhywbeth i godi ato yn y bore yn hytrach nac eistedd yn ei gongl yn gwrando ar bob gwayw sydd ganddo yn ei gorff.

Teimlaf ein bod wedi bod o werth i'r rhan yma o Gymru am ein bod wedi cadw pobol mewn gwaith ar hyd y blynyddoedd, a bod busnesau bach yn bwysig iawn bob amser i gefn gwlad.